北海道親子遊
跟著雪倫愛出走！

交通×食宿×景點，大人小孩都說讚的行程規劃全書！

暢·銷·最·新·版

最新日旅注意事項

在台灣放寬對疫情的出入境限制後，很多人出國的第一選擇都是到日本。在疫情之後的觀光旅遊政策都有一些變化。如果你以前已去日本玩過好幾次，而現在仍抱持著一樣「說走就走」的想法直衝日本，那可能會因為「一時大意沒有查」的結果，卡在某些出入關流程、或在日本當地發生一些問題。建議你花 3 分鐘快速看完以下重點，順便檢查一下是否自己都做好準備囉！

※ 出入境手續，可能會有變化。實際最新狀況請隨時到相關網站查詢。

- 檢查護照是否已過期、快過期

大部份的國人因為疫情關係，至少有兩年多不曾出國，也許就在這兩年你的護照剛好要過期了，如果有出國計畫，第一步就是打開護照看一下「效期截止日期」，因現在換發護照的人潮眾多，至少提前兩週去辦理比較保險，並且記得順便辦快速通關喔！

※ 若要換發護照但沒時間排隊，也可找旅行社代辦。
※ 若之前沒有護照，第一次申辦的人，可就近到任一個戶政事務所，現在臨櫃有提供「一站式服務」，新辦護照也可以受理。

 外交部
領事事務局

 戶政事務所
辦理護照說明

- 確認最新檢疫入境政策

日本於 2023 年 5 月 8 日起新冠肺炎降級，赴日觀光不需出示疫苗證明，並解除日本室內外口罩令，若有任何變動，請以最新規定為準。

 外交部
前往日本須知

- 線上填寫 Visit Japan Web（VJW），加快入境日本

以前飛往日本，在機上都會發兩張紙本的單子，一張是入境卡（下飛機第一關檢查護照時要交）、一張是給海關用的（有無攜帶違禁品，拿行李出海關時要交）。現在日本已經採取線上化一起整合成「Visit Japan Web」，請務必提前幾天到此網站申請帳號並登錄完成，過程中需上傳護照，及填寫一些旅程相關資料，加上還要等候審查，如果是到了日本下飛機才填寫會來不及喔！

※ 若未線上填寫 VJW，也仍然可以用以前的紙本單子流程（在飛機上跟空服員索取），也可以線上跟紙本都填，入境時看哪個隊伍排隊時間較短就排那邊，擇一即可。

 Visit Japan
Web

 VJW 的
常見問題說明

- 出入境都儘早提前過安檢

不管從台灣出發、或從日本回台，建議都早點過安檢關卡，因為現在旅客爆增，機場人力不太足夠，安檢的關卡常大排長龍。如真的隊伍太長，而你已接近登機時間了，航班的空服員會在附近舉牌子（上面寫有班機號碼），只要舉手回應表明是該班機乘客，就可以帶你加速安檢通關。

- 自助結帳、自助點餐

為了減少直接接觸，許多餐廳新增了自助點餐與結帳系統，入座後可以自行操作座位上的平板電腦，或用個人手機直接掃店家提供的 QR code 點餐。一些商店、超市與便利商店也都增加了自助結帳機，通常搭載多國語言，可先在螢幕點選「中文」後自行刷條碼結帳。另外，即使是由店員負責結帳，許多店家也會在刷好商品條碼後，要求顧客自行將信用卡插入刷卡機結帳，或是將現金直接投入結帳機內。

- 日本有些餐廳改成現場登記制（記帳制）

疫情之後，日本很多餐廳吃飯都要預約，倒不一定要事先電話或網路預約，而是到了現場之後，在門口有本子要你登記想用餐的時間，所以有時看起來沒有在排隊，實際上本子裡已經排了滿滿的人。而且假設你登記 19:00，即使 18:30 有空位了也不能提早進去。不過每間餐廳的作法不同，請以現場狀況為準。

- 日本的消費變便宜還是變貴？

其實日本的物價及稅金一直在上升，但因日圓貶值的關係，消費的感覺並沒有變貴，甚至還更便宜。但因日本政府不時提供國旅補助，鼓勵日本人在國內旅遊消費，相對飯店住宿的漲幅就會比較明顯了。

- 在日本上網更方便的 e-SIM 卡

很多人到日本要手機上網，會另外買專用的 SIM 卡，但缺點是要拔卡換卡很麻煩。現在較新的手機都有支援 e-SIM 卡功能，就是一個虛擬的數位 SIM 卡，只供日本上網專用（一樣有分幾天、吃到飽等方案），像遠傳、台哥大都有自己的日本上網 e-SIM 卡；而 Klook、KKday 等網站也有販賣其它品牌，即賣即用，算是很方便的選擇，可自行上網搜尋相關資訊。

※ 使用 e-SIM 卡時，請將手機國內號碼的漫遊功能關閉，以免誤用台灣號碼漫遊連網。

CH4
城市間的移動行程

CH5
機場周邊行程

本書所列旅遊相關資訊，以 2024 年 3 月為基準。
資訊因時因地會調動，出發前請利用書中的網址再次確認。

出國旅遊時，該帶著孩子一起去嗎？

「我到底該帶著孩子一起出國嗎？」

前些日子在網路上看到一位網友的詢問，「我該帶著一歲半的孩子一起去義大利嗎？」看到大部分網友的回覆，真的出乎我意料之外，竟然大家都叫她不要自討苦吃，紛紛留言奉勸這位媽媽：

「出國就是要好好去放鬆，何必帶著拖油瓶累垮自己。」

「小孩這麼小沒啥印象，去了也是白去，又浪費錢！」

「帶小孩行李一大堆，累死自己！」

「坐飛機聽到小孩哭，真的很令人抓狂」

諸如此類的反對聲浪，大家好似都把帶孩子出國當成是件麻煩的事。而論壇裡的這篇文章讓我很訝異，原來社會上大多數的人對於自己要出國時，帶孩子一起去是如此的排斥！說真的，我搞不懂小孩在國內或國外旅遊會有什麼差別？這些請她不要帶小孩出國的朋友，在國內也都不帶小孩出門的嗎？如果在國內會帶小孩出去玩，那為什麼出國旅遊時不帶著孩子呢？國內所有該有的東西，在國外也都有，而且在許多方面可能對小孩子還更友善。

我想在國內和國外旅遊唯一不同的地方，就是要帶著孩子搭飛機。有些父母可能會擔心孩子在飛機上哭鬧，但關於孩子會哭這一點，讓我想到了幾年前看過的一部日劇：「爸氣十足2」（也有人翻成「熱血男兒2」）。劇中的小女孩和她的爸爸（反町隆史主演），在一次搭公車時，遇到了一位泣不成聲的小娃兒，車上每個人都用異樣的眼光嫌棄著不知所措的媽媽，甚至還有人出言責備。

這時候坐在一旁的反町突然來了個帥氣的大轉身站起來，他跟車上的乘客說：「小孩會哭本來就很正常，小孩哭就和大人在講話一樣，想要表達一些事情，只是我們這些自以為是的大人聽不懂孩子的哭聲所要表達的意思，怎麼可以責怪孩子哭泣呢？你們在坐的每一個人，誰不是從小哭哭啼啼長大的，以前大家都能接受你們這樣哭，現在也請你們用和善的態度，來看待正在哭泣中的孩子！」

隨著我們的孩子日漸長大，現在已經脫離那個輕易掉淚的嬰兒階段了。但切身的經歷讓我知道即使不是嬰兒，孩子對於有些人來說還是個大麻煩。

　　有次在坐飛機時，因為劃位的關係，我們讓 3 歲的女兒小香草一個人獨自坐在與我們相隔一個走道的坐位上，她的鄰坐是一對日本爺爺奶奶。小香草上機後不久，鄰坐的日本爺爺和奶奶也登機了，他們從前方登機門走過來準備入座，那位爺爺對了對登機證上的位子，看到自己的位子旁邊是個小孩子。他嘆了一口氣、搖搖頭，和他的老婆交換位子。那日本奶奶看到我剛好看到這一幕，尷尬的對我笑一笑。

　　接著，飛機起飛了。從飛機起飛到降落，小香草全程講不超過 20 句話。一開始，她拿出放在座位前的旅遊書、購物書、逃生書，全部看了一遍，看完之後就睡著了。睡醒後她和爸爸說，她想要畫畫，然後從爸爸手中接過她的畫本和鉛筆，一路畫到了下飛機。而一旁的老爺爺早已呼呼大睡，他如雷貫耳的打呼聲，讓他的太太很不好意思，頻頻把他叫醒。而在飛機上另有一群日本大媽的聊天聲，也早已把整台飛機弄得熱鬧非凡。下飛機前，坐在香草身旁的日本奶奶和我說：「妳的女兒真是個乖孩子」。

　　人們往往用嚴格且刻板的角度去看一個孩子，在他還沒犯錯前，就想著他一定會犯錯；在他還沒有機會表現自己的時候，我們卻早已經否定了他。而反觀我們大人，不也常在不經意中影響到其他人。打呼聲、聊天聲、濃到不行的香水味、吃著自己帶上飛機味道濃郁到不行的食物、還有一坐下來就向後傾倒的椅子。這些或許都是我們自己認為理所當然，想都沒想過要檢討的事。

　　雪倫並不是鼓勵大家一定要帶著孩子出國去玩，在國內絕對也是有很多好玩、有趣的地方。我們只是想告訴大家，無論你去哪裡開心，請別忘了還有一個從小就一直跟在你身邊，叫著爸比、麻迷的小寶貝。孩子是人生的寶藏，小孩子長大後，或許看著照片不會記得當時發生過什麼事、去過哪裡玩？但他／她們會知道，我的爸爸、媽媽無論走到天涯海角，都會帶著我去。爸媽在我還是強褓中的年紀時，不曾想過要放下我獨自享樂，只因為我們是一家人！

Sharon

零經驗也能
一次上手

Chapter 1

輕鬆暢遊北海道

認識北海道

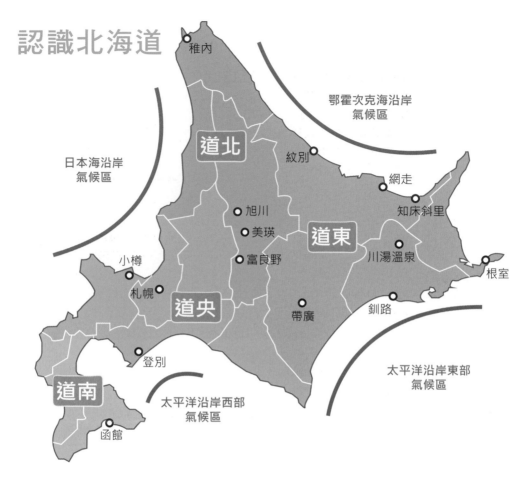

稚內

鄂霍次克海沿岸
氣候區

道北

紋別

網走

日本海沿岸
氣候區

知床斜里

旭川

道東

美瑛

富良野

川湯溫泉

小樽

根室

札幌

道央

帶廣

釧路

登別

太平洋沿岸東部
氣候區

道南

太平洋沿岸西部
氣候區

函館

　　北海道是日本最北端的行政區，也是日本人口密度最低的地方。來北海道旅遊，能眺望無數的自然景觀，有遼闊的草原、壯麗的山脈、零污染的湖泊以及最原始沒有被破壞的森林。以地理位置來看，一般習慣將北海道分為道南、道央、道北、道東等四個區域。

　　道南（函館、北斗）是北海道最早與外國進行貿易的地區，因此保有許多歷史景觀與洋式建築，像是函館元町、五稜郭、金森倉庫群等。

　　道央（札幌、小樽、登別、洞爺湖）是北海道遊客最多的區域。札幌是北海道最熱鬧的城市，市區中仍有多處開拓使時期遺留下來的古蹟建築；小樽曾是北海道的貿易重鎮，

如今雖褪去繁華，但市區充滿懷舊風味，值得一訪；登別及洞爺湖則是以溫泉聞名。

　　道東（網走、帶廣、知床半島）的城市風光與道南、道央全然不同，這裡以自然景觀為其特色，阿寒湖的綠球藻、摩周湖的高透明度水質、紋別及網走的冬日流冰景象及世界遺產：知床半島，都是道東必去的景點。

　　道北（旭川、美瑛、富良野、稚內）涵蓋的範圍較為狹長，因此南北的自然風光有著顯著的差異。南邊有以七彩花田著稱的富良野及美瑛、以及最有人氣的旭山動物園；北邊的稚內則是日本最北端的城市，亦是日本全國夏季最短的地方。

北海道氣候及四季穿著

北海道屬於四季分明的溫帶氣候，道內依氣候特徵大致可分為西北部的「日本海沿岸」氣候區、西南部的「太平洋沿岸西部」（室蘭、登別、函館）氣候區、東北部的「鄂霍次克海沿岸」（紋別、網走、知床）氣候區、以及東南部的「太平洋沿岸東部」（帶廣、釧路、根室）氣候區。

「日本海沿岸」氣候區，夏季雨量少，冬季降雪多；「太平洋沿岸西部」夏季溫暖多雨，冬季則降雪較少。至於東北部的「鄂霍次克海沿岸」，夏季是 12 ～ 18 度的涼爽氣候，但一到了冬天，氣溫則會驟降至零度以下，海岸線還會有流冰接近；最後是「太平洋沿岸東部地區」，夏季涼爽乾燥，冬季則寒冷多霧。

北海道的夏季從每年的 6 月下旬開始，7、8 月時各地的花季陸續展開，此時盛開的薰衣草花田及各地熱鬧的祭典，吸引了來自世界各地的人潮，這是北海道一年當中遊客最多的季節。9 月，北海道的夏季結束，進入了微涼的秋天，此時「能取湖」的珊瑚草紅的徹底、秋楓也在此時悄悄的到來。11 月，各城市慢慢的進入冰天雪地的冬季，部份商店也進入冬日休業狀態（11 月至翌年 4 月）。北海道各大滑雪場在 12 月下旬正式開幕，此時的北海道美到讓人屏息，這樣的美，一直延續到隔年 4 月，才又周而復始的回到了春天。

		1月	2月	3月	4月	5月	6月	7月	8月	9月	10月	11月	12月
札幌	平均氣溫 (℃)	-3.6	-3.1	0.6	7.1	12.4	16.7	20.5	22.3	18.1	11.8	4.9	-0.9
	降雨量 (mm)	113.6	94.0	77.8	56.8	53.1	46.8	81.0	123.8	135.2	108.7	104.1	111.7
	降雪量 (cm)	173	147	98	11	0	0	0	0	0	2	32	132
旭川	平均氣溫 (℃)	-3.5	-2.1	2.6	11.7	17.7	22.9	25.8	26.3	21.6	14.8	5.8	-0.8
	降雨量 (mm)	69.6	51.3	54.0	47.6	64.8	63.6	108.7	133.5	130.9	104.3	117.2	96.6
	降雪量 (cm)	174	131	111	23	0	0	0	0	0	3	107	189
富良野	平均氣溫 (℃)	-8.8	-8.1	-2.7	5.2	11.7	16.5	20.1	20.9	15.7	8.9	1.8	-5.2
	降雨量 (mm)	49.6	37.1	49.4	53.5	66.5	54.5	100.0	148.7	134.8	96.9	105.0	69.3
	降雪量 (cm)	166	137	125	35	0	0	0	0	0	2	78	171
網走	平均氣溫 (℃)	-5.5	-6.0	-1.9	4.4	9.4	13.1	17.1	19.6	16.3	10.6	3.7	-2.4
	降雨量 (mm)	54.5	36.0	43.5	52.1	61.6	53.5	87.4	101.0	108.2	70.3	60.0	59.4
	降雪量 (cm)	105	81	66	21	1	0	0	0	0	1	18	85
帶廣	平均氣溫 (℃)	-7.5	-6.2	-1	5.8	11.1	14.8	18.3	20.2	16.3	10.0	3.2	-3.7
	降雨量 (mm)	42.8	24.9	42.4	58.9	81.0	75.5	106.4	139.1	138.1	75	57.6	46.1
	降雪量 (cm)	59	37	42	9	1	0	0	0	0	0	9	47
函館	平均氣溫 (℃)	-2.6	-2.1	1.4	7.2	11.9	15.8	19.7	22.0	18.3	12.2	5.7	0
	降雨量 (mm)	77.2	59.3	59.3	70.1	83.6	72.9	130.3	153.8	152.5	100.0	108.2	84.7
	降雪量 (cm)	118	90	53	4	0	0	0	0	0	0	27	86

（資料來源：維基百科）

● 日本四季穿著

北海道的氣候四季分明，春、夏、秋、冬到底該怎麼穿呢？

春天：北海道的春天還是有點偏涼，各地
平均氣溫大都落在 10 度上下，此
時的穿著最好是長褲、薄長袖、早
晚則需要加件外套。

秋天：北海道的 9 月就差不多正式進入秋
天了，這時節身體能明顯感受寒冷，
所以此時就要選擇厚一點的長袖、
長褲，當然也得準備一件有厚度的
外套。

夏天：盛夏的北海道氣候是
非常宜人的，溫度大
約落在 20 度左右，但
在下雨天或夜晚還是
會稍有涼意。平日的
白天可以穿短袖、短
褲，但夜晚還是得準
備一件薄外套。

冬天：北海道的冬季氣候對我們生長在亞熱帶國家
的人來說，是非常酷寒的。所以在這酷寒的
冬季來到北海道，大家一定得做好萬全的保
暖措施。穿著的部份，上半身是發熱衣、厚
長袖、毛衣，再加上羽絨背心，最外層再套
上防寒防水的羽絨外套；下半身穿發熱褲、
再套上鋪棉的防寒防水羽絨褲，襪子的部份
也得挑選保暖的厚羊毛襪；鞋子的部份則選
擇保暖、防水、防滑的雪靴。配件的部份，
毛帽、耳罩、防水保暖手套、圍巾可是一樣
都不能少。

北海道交通指南

● 從各大機場到市區的交通方式

從台灣飛往北海道，主要都是從新千歲機場（札幌）、函館機場或是旭川機場進出。這三座機場內皆設有各租車公司的櫃台，如果是開車旅行的朋友，可以直接在機場取車，展開接下來的北海道旅程。但若是準備搭乘大眾運輸工具來遊玩北海道，這三座機場也都備有完善的交通工具可以連結至市區。以下我們就來看看從新千歲機場、函館機場、旭川機場要怎麼連結到市中心。

從新千歲機場至札幌市區

從新千歲機場可以選擇搭乘 JR 或是機場巴士前往札幌市區，兩種交通方式各有優缺點，就端看自己的喜好或是下榻的地點來決定。

1. 於新千歲機場搭乘巴士前往市區，請先於售票機購票 2. 札幌地鐵站

交通工具		JR 地鐵	機場巴士
營運公司		JR 北海道	中央巴士、北都巴士
車種		普通、快速エアポー	高速巴士
車資（單程）	成人	1,150 円	1,300 円
	兒童	570 円	650 円
抵達市區所需時間		約 40 分鐘	80～90 分鐘
停靠站別		JR 新札幌、JR 札幌	福住站、薄野、大通公園、JR 札幌
票價優惠		無	購買來回票有折扣
運行時段		機場：6:39～22:53 市區：5:50～21:00	機場：8:40～22:59 市區：5:15～18:15
優點		★ 固定班次時間較準確 ★ 乘車時間較短 ★ 可以使用 JR PASS	★ 可以直達薄野、大通公園，不需再轉車 ★ 購買來回票券價格較優惠 ★ 途中經過多間飯店
缺點		■ 無法直達薄野及大通公園，必須再轉搭地鐵	■ 乘車時間較長 ■ 較易受天候因素影響，而導致行車時間無法掌握 ■ 無法預約座位
QR code		JR 地鐵時刻表	千歲機場前往市區巴士時刻表

從函館機場到市區

　　函館國際機場規模較小，與市區之間沒有鐵道相連，所以從函館機場要前往市區就得仰賴機場巴士。從函館國際機場出境後，往國內航廈的方向走，在國內航廈的外面即是機場巴士的停靠站，請直接前往 3 號乘車處候車。不需事先購票，直接上車投幣即可（車資：成人 450 円、兒童 230 円）。

　　從函館機場前往市區的車程大約 30 分鐘，巴士行經路線為：函館機場（起點）→湯之川溫泉→金堀町競輪場→大森町→ JR 函館駅前→函館國際飯店→ベイエリア前→チサングランド函館（終點）。

函館機場前往市區
巴士時刻表

1. 2. 從函館機場前往市區，請於國內航廈前的 3 號乘車處候車　3. 從 JR 函館駅前往函館機場，請於巴士總站的 11 號月台搭乘

從旭川機場到市區

　　旭川因為距離美瑛、富良野等城市非常近，所以近年來也有不少旅客會選擇從旭川機場進出北海道，尤其是夏季薰衣草季時，正是旭川機場最忙碌的時節了。

　　旭川國際機場也是座小型機場，沒有鐵道相連。從機場出境後，先在一樓大廳的票券機器購買車票，接著走出一樓大門口即是巴士站。在此可以直接搭車前往 JR 旭川站、美瑛或富良野。機場巴士的時間大多配合班機抵達時間，所以可事先查詢好要搭乘的時間與班次，才不會錯過。

旭川機場前往市區
巴士時刻表

1. 從旭川機場可前往旭川市區或是富良野、美瑛，請先於巴士售票機購票　2. 旭川機場前往旭川市區乘車處

旭川機場前往富良野
方向巴士時刻表

札幌地下鐵及市電路線圖

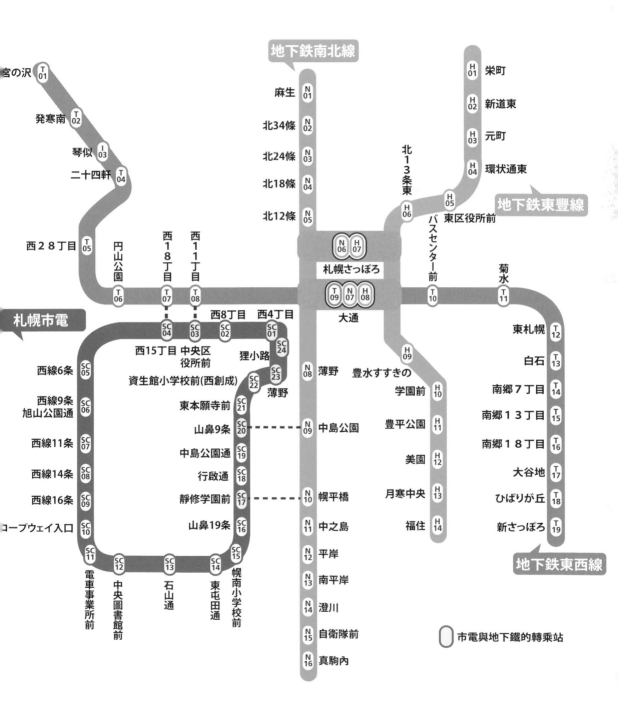

地下鉄南北線

地下鉄東豐線

札幌市電

地下鉄東西線

宮の沢 T01
発寒南 T02
琴似 I03
二十四軒 T04
西２８丁目 T05
円山公園 T06

麻生 N01
北34條 N02
北24條 N03
北18條 N04
北12條 N05

栄町 H01
新道東 H02
元町 H03
環状通東 H04
バスセンター前 H05
東区役所前 H06

北13条東

西18丁目 T07
西11丁目 T08

N06 H07
札幌さっぽろ

菊水 H11 / N11

T09 N07 H08
大通

西8丁目
西4丁目
狸小路 SC01
SC24

西15丁目
中央区役所前
資生館小学校前(西創成)
東本願寺前 SC21
山鼻9条 SC20
中島公園通 SC19
行啓通 SC18
靜修学園前 SC17
山鼻19条 SC16

SC04
SC03
SC02

SC23
薄野 SC22
薄野

西線6条 SC05
西線9条旭山公園通 SC06
西線11条 SC07
西線14条 SC08
西線16条 SC09
ロープウェイ入口 SC10
電車事業所前 SC11
中央圖書館前 SC12
石山通 SC13
東屯田通 SC14
幌南小学校前 SC15

薄野 N08
中島公園 N09
幌平橋 N10
中之島 N11
平岸 N12
南平岸 N13
澄川 N14
自衛隊前 N15
真駒內 N16

豊水すすきの H09
学園前 H10
豊平公園 H11
美園 H12
月寒中央 H13
福住 H14

東札幌 T12
白石 T13
南郷７丁目 T14
南郷１３丁目 T15
南郷１８丁目 T16
大谷地 T17
ひばりが丘 T18
新さっぽろ T19

○ 市電與地下鐵的轉乘站

17

● 北海道交通票券

JR 北海道鐵路周遊券

　　JR 北海道鐵路周遊券（HOKKAIDO RAIL PASS）只有非日本國民，以短期滯留為目的的旅客才能使用。如果旅遊範圍較大，橫跨道北、道東、道央、道南等多個城市，就非常適合購買 JR 北海道鐵路周遊券。但如果行程只著重在某個區域，就得仔細盤算整趟旅程的交通費，再決定是否要購入此周遊券。

　　北海道鐵路周遊券分成 5 日、7 日、10 日的連續乘車券，乘客可自行指定生效日期，啟用後可連續使用 5 天、7 天或 10 天。

票種	5 日	7 日	10 日
成人	20,000 円	26,000 円	32,000 円
兒童（6～11 歲）	10,000 円	13,000 円	16,000 円

　　使用北海道鐵路周遊券可搭乘 JR 北海道的「特急」、「急行」、「普通」及「快速」列車之普通車廂自由席及指定席（指定席需先至車站劃位，免費取得指定席券）。若是搭特急的特等車廂時，則須再額外支付特等車廂的費用（不含北海道新幹線）。

　　持北海道鐵路周遊券可搭乘在札幌市內行駛的 JR 北海道巴士。但有幾個路段是無法搭乘的，如：札幌～旭川、札幌～紋別、札幌～廣尾、札幌～喜樂樂、札幌～帶廣、札幌～襟裳、新札幌～厚別競技場、JR 白石站～札幌多目體育場，這些路段的巴士皆無法搭乘。另外，札幌～小樽之間的高速巴士也僅能搭

乘 JR 北海道巴士（不能搭乘中央巴士）。

另外，持北海道鐵路周遊券在 JR 租車公司租車，可享有優惠（請事先取得 JR PASS 優惠代碼 https://www.ekiren.co.jp/global/tw/jr_pass，並於：https://www.ekiren.co.jp/預定）。只要在北海道鐵路周遊券的有效期限內「取車」，就能享有折扣。例如：持有 7/1 ～ 7/5 的北海道鐵路周遊券五日券時，必須在 7/1 ～ 7/5 之間取車，7/6 之後取車則無享有優惠。

北海道鐵路周遊券可以先在台灣的旅行社購買，抵達北海道時再拿周遊券到指定的窗口兌換成乘車券；或是在北海道內的新千歲機場 JR 外籍旅客服務處、札幌、帶廣、旭川、函館各車站內的 JR 旅客服務中心，憑外國人護照直接購買。

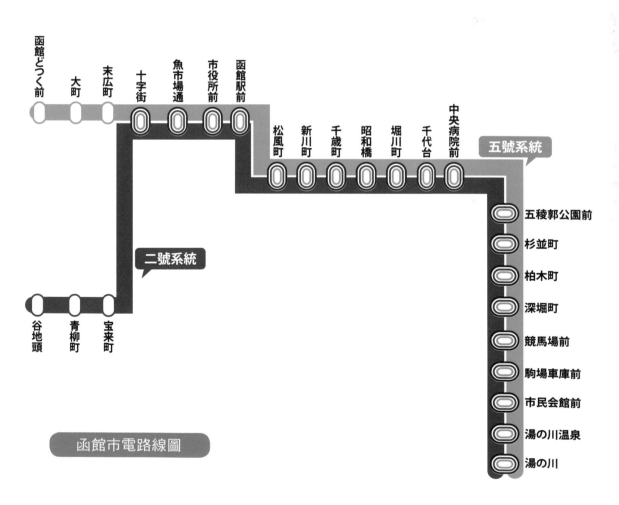

函館市電路線圖

輕鬆規劃親子自駕遊

　　來北海道旅行，有些人會喜歡自駕、也有些人喜歡搭乘大眾運輸工具，對於帶著孩子一起旅行的家庭來說，會較推薦自駕旅遊，因為自由度較高。本書規劃了許多北海道各地城市的「一日小旅」，讓大家可以依照自己的旅行天數來安排行程。

　　北海道各個城市間相距較遠，往往得花上3～4小時的路程，為了避免舟車勞頓，在規劃行程時可參考本書「城市間的移動行程」，找些景點安插到行程中。

輕鬆小玩的 7 日自駕行程

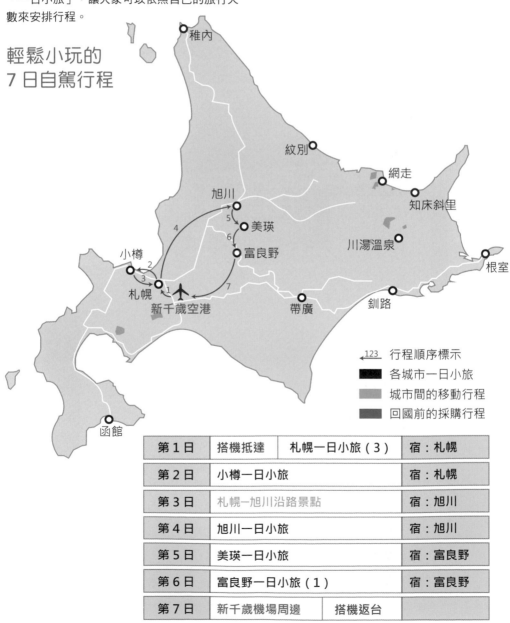

	行程順序標示
123	行程順序標示
■	各城市一日小旅
■	城市間的移動行程
■	回國前的採購行程

第 1 日	搭機抵達	札幌一日小旅（3）	宿：札幌
第 2 日	小樽一日小旅		宿：札幌
第 3 日	札幌—旭川沿路景點		宿：旭川
第 4 日	旭川一日小旅		宿：旭川
第 5 日	美瑛一日小旅		宿：富良野
第 6 日	富良野一日小旅（1）		宿：富良野
第 7 日	新千歲機場周邊	搭機返台	

悠活漫遊的
10 日自駕行程

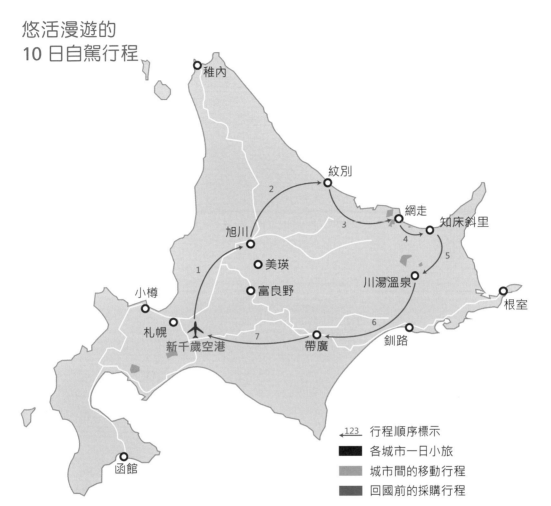

稚內

紋別

網走

知床斜里

旭川

美瑛

富良野

川湯溫泉

小樽

根室

札幌

新千歲空港

帶廣

釧路

函館

123 行程順序標示
各城市一日小旅
城市間的移動行程
回國前的採購行程

第 1 日	搭機抵達新千歲空港	札幌－旭川沿路景點	宿：旭川
第 2 日	紋別一日小旅		宿：紋別
第 3 日	紋別－網走沿路景點		宿：網走
第 4 日	網走一日小旅		宿：網走
第 5 日	網走－知床沿路景點	知床半日小旅	宿：知床斜里
第 6 日	知床－摩周湖沿路景點		宿：川湯溫泉
第 7 日	摩周湖一日小旅		宿：阿寒湖
第 8 日	阿寒湖半日小旅	帶廣特輯	宿：帶廣
第 9 日	帶廣一日小旅		宿：帶廣
第 10 日	新千歲機場周邊	新千歲搭機返台	

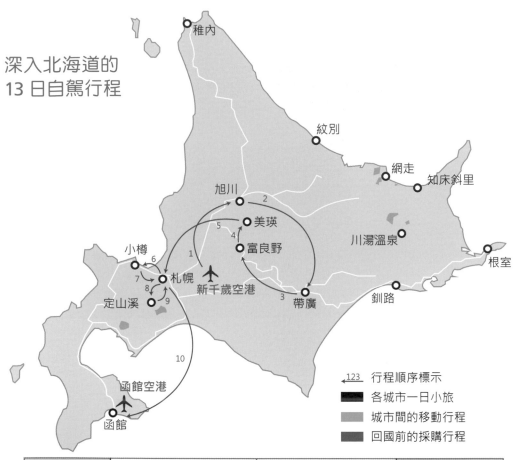

深入北海道的
13 日自駕行程

		行程順序標示
稚內		123
紋別		各城市一日小旅
網走 知床斜里		城市間的移動行程
旭川 美瑛 川湯溫泉		回國前的採購行程
小樽 富良野 根室		
札幌 新千歲空港 帶廣 釧路		
定山溪		
函館空港		
函館		

第 1 日	搭機抵達新千歲空港	札幌—旭川沿路景點	宿：旭川
第 2 日	旭川一日小旅	開車前往層雲峽	宿：層雲峽
第 3 日	旭川—帶廣沿路景點		宿：帶廣
第 4 日	帶廣一日小旅		宿：帶廣
第 5 日	帶廣—富良野沿路景點		宿：富良野
第 6 日	富良野一日小旅（1）		宿：富良野
第 7 日	美瑛一日小旅	開車前往札幌	宿：札幌
第 8 日	札幌一日小旅（3）		宿：札幌
第 9 日	小樽一日小旅		宿：札幌
第 10 日	定山溪一日小旅		宿：札幌
第 11 日	札幌一日小旅（4）	開車前往函館	宿：函館
第 12 日	函館一日小旅（1）		宿：函館
第 13 日	函館一日小旅（2）	函館搭機返台	

搭火車遊北海道行程範例

　　北海道除了札幌、函館等幾座大城市的大眾運輸比較便利之外，其他小城市的大眾運輸並不是那麼完善。所以若是要搭乘大眾交通工具暢遊北海道，最好是選擇交通較便利的城市，才能玩得盡興。

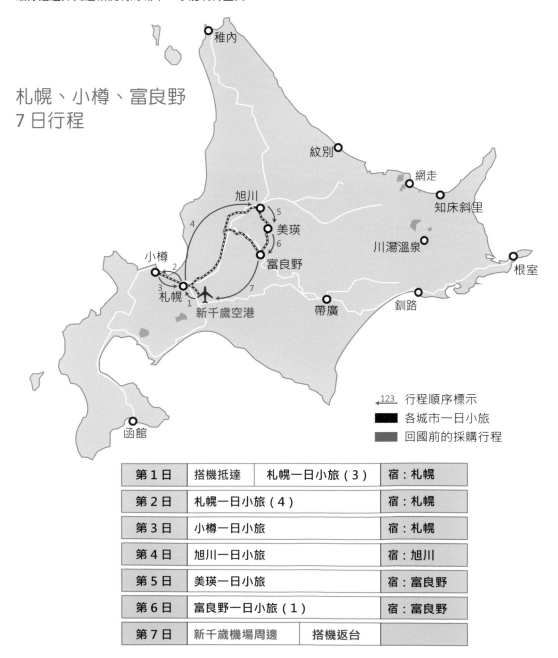

札幌、小樽、富良野
7日行程

行程順序標示 123

各城市一日小旅

回國前的採購行程

第1日	搭機抵達	札幌一日小旅（3）	宿：札幌
第2日	札幌一日小旅（4）		宿：札幌
第3日	小樽一日小旅		宿：札幌
第4日	旭川一日小旅		宿：旭川
第5日	美瑛一日小旅		宿：富良野
第6日	富良野一日小旅（1）		宿：富良野
第7日	新千歲機場周邊	搭機返台	

函館、札幌、旭川、富良野、小樽
7 日行程

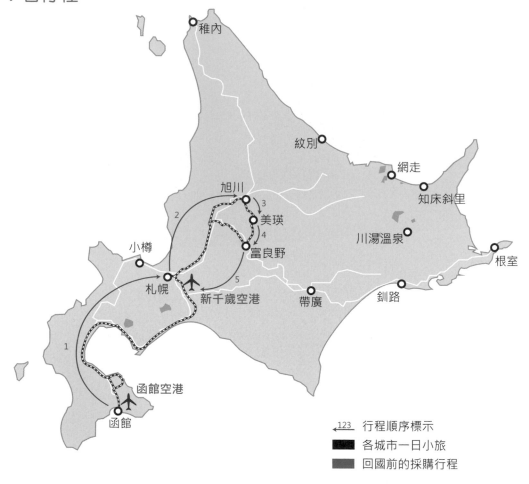

稚內

紋別

網走

知床斜里

旭川

2

3

美瑛

小樽

4

川湯溫泉

富良野

5

根室

札幌

新千歲空港

帶廣

釧路

1

函館空港

函館

<u>123</u> 行程順序標示

各城市一日小旅

回國前的採購行程

第 1 日	搭機抵達	函館一日小旅（1）	宿：函館
第 2 日	札幌一日小旅（3）		宿：札幌
第 3 日	札幌一日小旅（1）		宿：札幌
第 4 日	旭川一日小旅		宿：旭川
第 5 日	美瑛一日小旅		宿：富良野
第 6 日	富良野一日小旅（1）		宿：富良野
第 7 日	新千歲機場周邊	搭機返台	

帶孩子一起出國
超放心！

Chapter 2

行前規劃及實用資訊

帶孩子出國事前要準備的東西固然繁瑣，但將這些該準備的事項一項一項條列出來，按部就班的完成它，相信多訓練個幾次後，每個爸爸媽媽都會蛻變為旅遊老手。

步驟一：申辦孩子的第一本護照

出國最重要的物品不外乎是護照，一般的護照辦理有兩種方式：自行至外交部辦理或是交由旅行社代辦。目前外交部推動「護照親辦」措施，亦即首次申辦護照的人，必須本人親自至外交部領事事務局或外交部中部、南部、東部三個辦事處申請；或是至戶籍所在地之戶政事務所，填妥普通護照申請書並作「人別確認」後，再將普通護照申請書與申請護照應備之文件準備好，請旅行業者、親屬代辦。

其實委託他人代辦孩子護照的手續頗為麻煩，如果距離不遠的話，最簡單的方式還是親自帶著孩子跑一趟外交部領事事務局（或中、南、東部三處辦事處），準備好應備文件就能完成申請。

資料準備

1. 國民身分證（未滿14歲且未請領國民身分證者，繳驗戶口名簿正本）
2. 護照用兩吋照片2張
3. 簡式護照資料表（申請書）
4. 未成年者，須由法定代理人簽名同意申辦護照。若申請人由法定代理人陪同到戶所申辦，請法定代理人繳驗國民身分證；若法定代理人未陪同申辦，須事先填妥「同意書」帶至戶所申辦，簽署「同意書」之法定代理人國民身分證亦須帶往戶所核驗。
5. 未滿14歲申請人須由法定代理人陪同到戶所申辦，若法定代理人無法陪同，可由法定代理人委任直系血親尊親屬或旁系血親三親等內親屬陪同。法定代理人須事先填妥「委任陪同書」委由陪同者帶至戶所申辦，陪同者及簽署「委任陪同書」之法定代理人國民身分證亦須帶往戶所核驗。

他方代辦

各地戶政事務所（親自）

親自帶著孩子持上述文件及資料
至「各地戶政事務所」辦理人別確認

人別確認後取得以下兩份文件：
1. 人別確認完成之「簡式護照資料表」（申請書）
2. 「同意未成年人代辦之護照申請書」（委託書）

↓

外交部領事事務局（代辦人員）

將上述兩份文件交由代辦者或旅行社，
代辦者或旅行社持以上兩份文件，
至各地「外交部領事事務局」辦理護照。

親自辦理

外交部領事事務局（親自）

親自帶著孩子持上述文件及資料
至各地「外交部領事事務局」辦理護照

辦理護照時記得要再次確認填寫的英文名字拼音是否正確，彩色照片是否有符合相關規定（半身、正面、脫帽、露耳、瀏海不得蓋到眼睛、不能露牙）。當然外交部對於小孩的照片要求比較沒那麼嚴謹，只要照片五官清晰，沒有哭泣、閉眼或是嘴巴被手擋住等畫面，基本上都是沒問題的。

一般辦理護照約 4 ～ 7 個工作天，若是時間上很緊迫的話，可以加價以急件處理。辦理完成後可以依照領件時間親自領取或是選擇郵寄到府。一般辦理護照的規費是 1,300 元，未滿 14 歲的孩子費用是 900 元。特別一提的是，小孩的護照有效期只有五年，大人的護照則有十年效期。另外，在出國日之前必須特別檢查護照有效期是否達六個月以上，若接近有效日期，建議提早至外交部領事事務局辦理換發新護照。

外交部領事事務局

地址	台北市中正區濟南路 1 段 2-2 號 3~5 樓
電話	護照查詢專線 （02）2343-2807、2342-2808
	文件證明查詢專線（02）2343-2913、2343-2914
服務時間	週一～週五：8:30 ～ 17:00（中午時段不休息，另申辦護照櫃檯每週三延長受理至 20:00）。週六、週日及國定假日則公休

外交部中部辦事處

地址	台中市南屯區黎明路 2 段 503 號 1 樓
電話	（04）2251-0799
服務時間	週一～週五：8:30 ～ 17:00（中午時段不休息，另申辦護照櫃檯每週三延長受理至 20:00）。週六、週日及國定假日則公休

外交部雲嘉南辦事處

地址	嘉義市東區吳鳳北路 184 號 2 樓之 1
電話	（05）225-1567
服務時間	週一～週五：8:30 ～ 17:00（中午時段不休息，另申辦護照櫃檯每週三延長受理至 20:00）。週六、週日及國定假日則公休

外交部南部辦事處

地址	高雄市苓雅區政南街 6 號 3 ～ 4 樓
電話	（07）715-6600
服務時間	週一～週五：8:30 ～ 17:00（中午時段不休息，另申辦護照櫃檯每週三延長受理至 20:00）。週六、週日及國定假日則公休

外交部東部辦事處

地址	花蓮縣花蓮市中山路 371 號 6 樓
電話	（03）833-1041
服務時間	週一～週五：8:30 ～ 17:00（中午時段不休息，另申辦護照櫃檯每週三延長受理至 20:00）。週六、週日及國定假日則公休
備註	每月 15 日（若遇假日則順延次一日的上班日），辦事處會定期派員於台東縣民服務中心（地址：台東市博愛路 275 號），受理護照及文件證明申請。

步驟二：如何訂到便宜的北海道機票

以傳統航空公司來看，目前有長榮航空及中華航空直飛北海道；廉價航空則有酷航、台灣虎航及香草航空。價格方面，傳統航空公司的票價貴，但是相對的機上服務較為周全；廉價航空則是以價格取勝，但飛機上的服務相對少了許多（沒有供餐、嬰兒提籃及提供小孩玩具等）。

另外一個前往北海道的方式就是到日本轉國內線班機。日本的國內線不定時會有促銷活動，如果再搭配台灣飛往大阪、東京的廉航促銷，這樣從台北到大阪（或東京）再飛北海道，最便宜的票價常會落在 6 ～ 7 千元左右（視航空公司釋出的促銷票價而有所異動）。

關於促銷訊息可上「Google Flight」機票比價網站，選定時間及目的地後，即可找出最優惠的航班。另外還有 Facebook 上的「台灣航空福利社」，這個粉絲團會不定時整理出第一手的機票促銷資訊，不論是傳統航空公司或是廉價航空公司的促銷訊息，都能一併掌握。

目前各大航空公司官網都能直接購票，價格通常也比跟旅行社購買來得便宜，總之就是多方比價，肯定可以從中省下一些費用。

● 幼童搭乘傳統航空須知

搭乘傳統航空，2 歲以下且不佔位者可以訂購嬰兒票。一般嬰兒票無法在網路上直接訂購，必須撥打電話至航空公司請地勤協助訂位，這時也可以提出提籃的需求。不過因為每架飛機的提籃數量有限，不見得每次申請都

會有，請務必提早申請。另外，嬰兒提籃有重量限制，各家航空公司的規定也略有差異，請事前詢問清楚。餐點部分，大部份的飛機都有提供嬰兒餐（食物泥類的副食品），這些也都是要在訂票時一併跟地勤人員預定的。

1 傳統航空公司提供的嬰兒提籃 2. 3. 搭機時有嬰兒提籃會方便許多 4. 若有攜帶 YOYO 推車，裝在收納袋後可提上飛機

1. 傳統航空機上提供的兒童餐　2. 傳統航空機上提供的嬰兒餐：食物泥、果汁

不佔位的嬰兒票可攜帶 10 公斤的託運行李（視每家航空公司的規定），其中嬰兒推車不包含在行李的公斤數內。若有攜帶嬰兒推車，可以直接推到登機門前讓地勤人員協助打包上機，抵達目的地時亦可直接在艙門口領取。

至於 2 ～ 12 歲的孩童可訂購佔位的兒童票，一般兒童票的價格約成人票價的 75 折（未稅），託運行李則和成人票一樣享有 20 ～ 30 公斤不等的額度（依各家航空公司規定）。餐點的部份，可事先向航空公司提出兒童餐的需求。

附註：請各位家長務必留意，大部份的航空公司規定一位成人只能購買一張嬰兒票，如果一位成人攜帶兩名嬰兒搭機，那另外一位嬰兒就得購買兒童票才能搭乘。

● 幼童搭乘廉價航空須知

廉價航空因為價格較為低廉，機上的服務也相對縮水許多，像是飛機上不提供嬰兒提籃、不提供免費餐點、要自行額外購買行李公斤數等。若有 2 歲以下的嬰兒隨行可以訂購嬰兒票，但由於廉航不提供提籃，所以嬰兒得由大人全程抱著。至於 2 歲以上的孩童搭乘廉價航空時，票價就等同於成人票，沒有額外優惠。

搭乘廉價航空時，航空公司給每位乘客 7 ～ 10kg 的手提行李的限額，如要託運行李得自行加購。另外，若是有攜帶嬰兒推車，搭乘廉航時一樣不算公斤數，可以推到登機門口由地勤人員打包收走，但抵達目的地時就得到行李轉盤上才能領取（無法在機艙門口領取）。

1. 廉價航空大多為 A320 的小型客機　2. 廉航座位採 3-3 設計，位置空間較為窄小

　　雖然搭乘廉價航空沒有傳統航空來的舒適，但如果以亞洲線約3～4小時的航程來說，還算可以接受。尤其是針對攜家帶眷出國的家庭，如果能幸運搶到廉價航空的促銷票，真的是可以省下不少旅費！

1. 機上有販售餐點服務　2. 搭乘廉航若有嬰兒隨行，就得全程抱著

台灣飛北海道的班機與嬰幼兒相關規定

航空公司名稱	傳統航空			廉價航空	
	中華航空	長榮航空	星宇航空	酷航	台灣虎航
航行資訊	桃園↔札幌	桃園↔札幌	桃園↔札幌 桃園↔函館	桃園↔札幌	桃園↔札幌 桃園↔旭川 桃園↔函館
不佔位嬰兒行李限制	託運行李10公斤（件數1件）/可免費託運嬰兒推車	託運行李10公斤（件數1件）/可免費託運嬰兒推車	託運行李10公斤（件數1件）/可免費託運嬰兒推車	無託運行李額度/可免費託運嬰兒推車	無託運行李額度/可免費託運嬰兒推車
機上服務限制	可申請提籃/機上提供免費嬰兒餐	可申請提籃/機上提供免費嬰兒餐	可申請提籃/機上提供免費嬰兒餐	無提供提籃/無提供免費嬰兒餐	無提供提籃/無提供免費嬰兒餐
官網					

步驟三：挑選合適的親子友善飯店

　　全家人一起出國，最麻煩的事前功課大概就是找飯店、訂房間這檔事了。畢竟有孩子隨行，必須找到一間房間大、針對孩童入住又不加價的親子友善飯店，最好還能位在交通便利之處。

　　日本的飯店眾多，有五星級飯店、商務連鎖型飯店、溫泉旅館、民宿等，基本上大部分的飯店針對 6 歲以下的小孩入住，在不加床的情況下都是免費的，但還是得端看各家飯店的規定，一般像是溫泉旅館的收費規定就會相對嚴格些。

　　一般在挑選飯店的時候，可以透過訂房網站 Agoda 或 Booking.com 找尋合適的飯店，並參考顧客評價，這樣大多都能選到價格實惠、質感也不錯的飯店。這章節會和大家分享北海道各城市的親子友善飯店，篩選出交通便利、針對兒童不加床免費入住、或免費提供嬰兒床的飯店。這當中有些飯店是我們來北海道入住過的，有些則是透過訂房網站上飯店規定的兒童條款所篩選出來的，一併提供給即將要帶著孩子出國的父母們參考。

札幌

★★★★
札幌薄野大和魯內飯店
ダイワロイネットホテル
札幌すすきの

- 地址：〒 064-0804 北海道札幌市中央区南 4 条西 1 丁目 2 番地 1
- 交通：地下鐵東豐線「豊水すすきの駅」步行 1 分鐘
- 官網：https://www.daiwaroynet.jp/susukino/

單人房 雙人房 雙床房

兒童免費：12 歲以下

★★★★
札幌蒙特利埃德爾霍夫酒店
ホテルモントレエーデルホフ
札幌

- 地址：〒 060-0002 北海道札幌市中央区北 2 条西 1 丁目 1 番地
- 交通：地下鐵東豐線「札幌駅」步行 2 分鐘
- 官網：https://www.hotelmonterey.co.jp/tw/edelhof/

單人房 雙人房 雙床房 三人房 四人房

兒童免費：6 歲以下

★★★★
札幌美居酒店
MERCURE SAPPORO
メルキュールホテル札幌

- 地址：〒 064-0804 北海道札幌市中央区南四条西 2-4
- 交通：地下鐵東豐線「豊水すすきの駅」步行 1 分鐘
- 官網：https://all.accor.com/hotel/7023/index.zh.shtml

單人房 雙人房 雙床房
三人房 四人房 和式

兒童免費：6 歲以下

★★★★
札幌京王廣場酒店
ホテル京阪札幌

- 地址：〒 060-0005 北海道札幌市中央区北 5 条西 7 丁目 2 番地 1
- 交通：JR 札幌駅南口歩行 5 分鐘
- 官網：https://www.keioplaza-sapporo.co.jp/

單人房 雙人房 雙床房

兒童免費：6 歲以下

★★★★
三井花園飯店札幌
三井ガーデンホテル札幌

- 地址：〒 060-0005 北海道札幌市中央区北五条西 6-18-3
- 交通：JR 札幌駅南口歩行 3 分鐘
- 官網：https://www.gardenhotels.co.jp/sapporo/

單人房 雙人房 雙床房 三人房

兒童免費：6 歲以下

★★★★
PREMIER HOTEL TSUBAKI 札幌
プレミアホテル TSUBAKI 札幌

- 地址：〒 062-0904 北海道札幌市豊平区、豊平 4 条 1 丁目 1 番 1 号
- 交通：地下鐵東西線「菊水駅」歩行 9 分鐘
- 官網：https://premier.kenhotels.com/sapporo/

雙人房 雙床房 三人房 四人房

兒童免費：12 歲以下

★★★★
LA'GENT STAY SAPPORO ODORI
ラ・ジェント・ステイ 札幌大通

- 地址：〒 060-0062 北海道札幌市中央区南 2 条西 5 丁目
- 交通：地下鐵南北線「大通駅」歩行 5 分鐘
- 官網：https://lagent.jp/sapporo-odori/en/

單人房 雙人房 雙床房

兒童免費：12 歲以下

★★★★
JR 札幌日航酒店
JR タワーホテル日航札幌

- 地址：〒 060-0005 北海道札幌市中央区北 5 条西 2 丁目 5 番地
- 交通：札幌駅南口歩行 3 分鐘
- 官網：https://www.jrhotels.co.jp/tower/

單人房 雙人房 雙床房

兒童免費：6 歲以下

★★★★
HOTEL MYSTAYS 札幌 駅北口
ホテルマイステイズ札幌駅北口

- 地址：〒 060-0808 北海道札幌市北区北 8 条西 4 丁目 15 番
- 交通：JR 札幌駅北口歩行 2 分鐘
- 官網：https://www.mystays.com/hotel-mystays-sapporo-station-hokkaido/

雙人房 雙床房 三人房 四人房

兒童免費：12 歲以下

★★★★
HOTEL GRACERY 札幌
ホテルグレイスリー札幌

- 地址：〒 060-0004 北海道札幌市中央 北 4 条西 4 丁目 1
- 交通：JR 札幌駅南口步行 1 分鐘
- 官網：https://gracery.com/sapporo/

單人房　雙人房　雙床房　三人房

兒童免費：6 歲以下

★★★★
HOTEL MYSTAYS 札幌 ASPEN
ホテルマイステイズ札幌アスペン

- 地址：〒 060-0808 北海道札幌市北区北 8 条西 4 丁目 5 番地
- 交通：JR 札幌駅北口步行 2 分鐘
- 官網：https://www.mystays.com/hotel-mystays-sapporo-aspen-hokkaido/

雙人房　雙床房　三人房　四人房

兒童免費：12 歲以下

★★★
札幌站前 RICHMOND 酒店
リッチモンドホテル 札幌駅前

- 地址：〒 060-0003 北海道札幌市中央区北三条西 1-1-7
- 交通：JR 札幌駅南口步行 7 分鐘
- 官網：https://richmondhotel.jp/sapporo-ekimae/

單人房　雙人房　雙床房

兒童免費：12 歲以下

★★★
札幌法華倶樂部酒店
ホテル法華クラブ札幌

- 地址：〒 060-0002 北海道札幌市中央区北 2 条西 3
- 交通：JR 札幌駅南口步行 5 分鐘
- 官網：https://www.hokke.co.jp/sapporo/

單人房　雙人房　雙床房　三人房　四人房

兒童免費：12 歲以下

★★★
VESSEL HOTELS
ベッセルイン札幌中島公園

- 地址：〒 064-0809 北海道札幌市中央区南九条西 4 丁目 1 番 2 号
- 交通：地下鐵南北線「中島公園駅」步行 1 分鐘
- 官網：https://www.vessel-hotel.jp/inn/sapporo/

單人房　雙人房　雙床房　三人房　四人房

兒童免費：12 歲以下

★★★
APA HOTEL TKP 札幌駅北口 EXCELLENT
アパホテル TKP 札幌駅北口 EXCELLENT

- 地址：〒 001-0010 北海道札幌市北区北 10 条西 3 丁目 7
- 交通：JR 札幌駅北口步行 6 分鐘
- 官網：https://www.apahotel.com/hotel/hokkaido-tohoku/hokkaido/tkp-sapporoeki-kitaguchi/

單人房　雙人房　雙床房　三人房

兒童免費：12 歲以下

★★★
ANA 札幌全日空薄野假日酒店
ANA ホリディ イン 札幌 すすきの

- 地址：〒 064-0805 北海道札幌市中央区南 5 条西 3-7
- 交通：地下鐵東豐線「豐水すすきの駅」步行 1 分鐘
- 官網：https://www.anahisapporosusukino.com/

雙人房　雙床房

兒童免費：6 歲以下

★★★
HOTEL RESOL 札幌中島公園
ホテルリソル札幌 中島公園

- 地址：〒 064-0809 北海道札幌市中央区南九条西 4-4-10
- 交通：地下鐵南北線「中島公園駅」步行 1 分鐘
- 官網：https://www.resol-sapporo-n.com/

單人房　雙人房　雙床房

兒童免費：7 歲以下

旭川

★★★
旭川 JR INN
JR イン旭川

- 地址：〒 070-0030 北海道旭川市宮下通 7 丁目 2 番 5 号
- 交通：JR 旭川駅直達
- 官網：https://www.jr-inn.jp/asahikawa/

單人房　雙人房　雙床房　三人房

兒童免費：6 歲以下

★★★
HOTEL ROUTE INN GRAND 旭川旭川駅前
ホテルルートイン GRAND 旭川駅前

- 地址：〒 070-0030 北海道旭川市宮下通 8 丁目 1962-1
- 官網：https://www.route-inn.co.jp/hotel_list/hokkaido/index_hotel_id_635/

單人房　雙人房　雙床房

兒童免費：6 歲以下

★★
東橫 INN 旭川駅東口
ダ東橫 INN 旭川駅東口

- 地址：〒 070-0030 北海道旭川市宮下通 11-1176
- 交通：JR 旭川駅北口步行 3 分鐘
- 官網：https://www.toyoko-inn.com/search/detail/00173/

單人房　雙人房　雙床房

兒童免費：12 歲以下

★★
東橫 INN 旭川駅前一條通
東橫 INN 旭川駅前一条通

- 地址：070-0031 北海道旭川市一条通 9-164-1
- 交通：JR 旭川駅北口步行 5 分鐘
- 官網：https://www.toyoko-inn.com/search/detail/00069/

單人房　雙人房　雙床房

兒童免費：12 歲以下

函館

◆◇◆

★★★★

函館國際酒店

函館国際ホテル

- 地址：〒 040-0064 北海道函館市大手町 5-10
- 交通：JR 函館駅步行 7 分鐘
- 官網：https://www.hakodate-kokusai.jp/

單人房 雙人房 雙床房
三人房 四人房

兒童免費：12 歲以下

★★★★

LA JOLIE MOTOMACHI

ラ・ジョリー元町

- 地址：〒 040-0053 北海道 , 函館市末広町 6-6
- 交通：市電「十字街」步行 1 分鐘
- 官網：https://lajolie-hakodate.com/

雙人房 雙床房 三人房

兒童免費：12 歲以下

★★★

瑞索爾 RESOL 函館

ホテルリソル函館

- 地址：〒 040-0063 北海道函館市若松町 6-3
- 交通：JR 函館駅西口步行 3 分鐘
- 官網：https://www.resol-hakodate.com/

雙人房 雙床房

兒童免費：12 歲以下

★★★

格蘭蒂亞函館站前酒店

ルートイングランティア函館駅前

- 地址：〒 040-0063 北海道函館市若松町 21-3
- 交通：JR 函館駅步行 2 分鐘
- 官網：https://www.hotel-grantia.co.jp/hakodate-st/

單人房 雙床房

兒童免費：6 歲以下

★★

東橫 INN 函館駅前朝市

東橫 INN 函館駅前朝市

- 地址：〒 040-0064 北海道函館大手町 22-7
- 交通：JR 函館駅步行 2 分鐘
- 官網：https://www.toyoko-inn.com/search/detail/00063/

單人房 雙人房 雙床房

兒童免費：12 歲以下

知床斜里

◆◆

★★★★
知床格蘭飯店北辛夷
知床グランドホテル北こぶし

・ 地址：〒 099-4355 北海道斜里町ウトロ東 172 番地
・ 官網：https://www.shiretoko.co.jp/

雙床房　三人房　四人房　和式

兒童免費：3 歲以下

★★★
知床第一酒店
知床第一ホテル

・ 地址：〒 099-4351 北海道斜里町ウトロ香川 306
・ 官網：https://shiretoko-1.com/

雙床房　三人房　四人房　和式

兒童免費：3 歲以下

★★★
格蘭蒂亞知床斜里站前
酒店
ルートイングランティア知床
斜里駅前

・ 地址：〒 099-4112 北海道斜里町港町 16-10
・ 交通：知床斜里駅歩行 1 分鐘
・ 官網：https://www.hotel-grantia.co.jp/shiretoko/

雙床房

兒童免費：6 歲以下

帶廣

◆◆

★★★
帶廣站前 RICHMOND
酒店
リッチモンドホテル
帯広駅前

・ 地址：〒 080-0801 北海道帯広市西 2 条南 11-17
・ 交通：JR 帶廣駅歩行 1 分鐘
・ 官網：https://richmondhotel.jp/obihiro/

單人房　雙人房　雙床房

兒童免費：12 歲以下

★★★
十勝花園酒店
十勝ガーデンズホテル

・ 地址：〒 080-0012 北海道帯広市西 2 条南 11 丁目 16
・ 交通：JR 帶廣駅歩行 1 分鐘
・ 官網：https://www.gardenshotel.jp/

單人房　雙人房　雙床房

兒童免費：12 歲以下

釧路

◆◆◆

★★★★

釧路全日空皇冠假日酒店

ANA クラウンプラザホテル釧路

- 地址：〒 085-0016 北海道釧路市錦町 3-7
- 交通：釧路漁人碼頭步行 2 分鐘
- 官網：https://www.anacpkushiro.com/

單人房 | 雙人房 | 雙床房

兒童免費：12 歲以下

★★★★

釧路王子酒店

釧路プリンスホテル

- 地址：〒 085-8581 北海道釧路市幸町 7 丁目 1
- 交通：JR 釧路駅步行 11 分鐘
- 官網：https://www.princehotels.co.jp/kushiro/

單人房 | 雙人房 | 雙床房

兒童免費：12 歲以下

★★★

釧路皇家酒店

釧路ロイヤルイン

- 地址：〒 085-0018 北海道釧路市黒金町 14-9-2
- 交通：JR 釧路駅步行 1 分鐘
- 官網：http://www.royalinn.jp/

單人房 | 雙人房 | 雙床房

兒童免費：6 歲以下

★★★

ROUTE INN 釧路站前

ホテルルートイン釧路駅前

- 地址：〒 085-0015 北海道釧路市北大通 13-2-10
- 交通：JR 釧路駅步行 2 分鐘
- 官網：https://www.route-inn.co.jp/hotel_list/hokkaido/index_hotel_id_242/

單人房 | 雙人房 | 雙床房

兒童免費：6 歲以下

★★

東横 INN 釧路十字街

東横 INN 釧路十字街

- 地址：〒 085-0015 北海道釧路市北大通 7-2-1
- 交通：JR 釧路駅步行 7 分鐘
- 官網：https://www.toyoko-inn.com/search/detail/00084/

單人房 | 雙人房 | 雙床房

兒童免費：12 歲以下

富良野

◆◆◆

★★★★

新富良野王子大飯店

新富良野プリンスホテル

- 地址：〒 076-8511 北海道富良野市中御料
- 官網：https://www.princehotels.com/shinfurano/

兒童免費：6 歲以下

★★★

仙境富良野松度假屋

ワンダーランド フラノ - パイン -

- 地址：〒 076-0034 北海道富良野市北の峰町 26-25
- 交通：近「北之峰」滑雪場
- 官網：http://www.wonderlandfurano.com/

兩臥室公寓 | 四臥室公寓

兒童免費：5 歲以下

★★★ **森林景觀酒店 FOREST VIEW** フォーレストビュー	・地址：〒 076-0034 北海道富良野市北の峰町 16-45 ・交通：近「北之峰」滑雪場 ・官網：http://www.furanoforestview.com/jp/home.htm 兩臥室公寓 兒童免費：5 歲以下

★★★ **富良野 NATURWALD 酒店** ナトゥールヴァルト富良野	・地址：〒 076-0034 北海道富良野市北の峰町 14-46 ・交通：近「北之峰」滑雪場 ・官網：https://naturwald-furano.com/ 單人房　雙人房　雙床房　三人房　四人房　和式 兒童免費：5 歲以下

★★ **CHALET 富遊里** CHALET 富遊里	・地址：〒 076-0035　北海道富良野市学田三区 2264-4 ・交通：近「北之峰」滑雪場 ・官網：https://www.fuyuri.jp/ 雙人房　雙床房　四人房 兒童免費：5 歲以下　

登別

◆◆

★★★ **禦宿清水屋** 御やど 清水屋	・地址：〒 059-0551　北海道登別市登別温泉町 173 ・官網：https://kiyomizuya.co.jp/ 和式 兒童免費：6 歲以下

★★★ **森の湯 山静館** 森の湯 山静館	・地址：〒 059-0553 北海道登別市カルルス町 16 ・官網：https://karurusu.com/ 和式 兒童免費：6 歲以下

網走

◆◆

★★★ **網走湖天都之鄉本陣酒店** 天都の郷 ホテル本陣網走湖	・地址：〒 093-0045 北海道網走市大曲 34 ・官網：https://breezbay-group.com/honjin-a/ 和式 兒童免費：6 歲以下

★★ **東橫 INN 北海道鄂霍次克網走站前** 東橫 INN オホーツク網走駅前	・地址：〒 093-0046 北海道網走市新町 1-3-3 ・交通：JR 網走駅歩行 1 分鐘 ・官網：https://www.toyoko-inn.com/c_hotel/00003/ 單人房　雙人房　雙床房 兒童免費：12 歲以下　

步驟四：全家人的行李打包收納術

在打包行李時，建議先條列出此趟旅程要攜帶的物品，先擬定好計畫表之後，再進行打包收納，才不會少帶東西或是多帶了些不必要的物品。另外，小孩的必需物品如果能夠在台灣準備好，就先打包帶著，千萬別存有「到當地再買」的念頭，到時候如果臨時買不到可就麻煩了。

關於全家人出國的行李該怎麼打包收納？

一家四口的用品該怎麼濃縮在有限的行李箱呢？這裡有些小撇步可以分享給大家。一般出國，建議行李箱最多不要超過兩卡，畢竟帶著孩子（小孩 3 歲前又得帶著嬰兒推車），著實沒有多餘的幫手能夠搬行李，所以行李箱就控制在 2 卡。另外，善用折疊擴充旅行袋，折疊後體積小不佔空間，在回程就能用它裝下許多戰利品，而且搬運時又能固定在行李箱上方，很方便。

衣服類	外出衣、保暖外套、睡衣、浴巾、襪套、手套、毛毯
日常必需用品	尿布、紗布巾、奶嘴、安撫玩具、濕紙巾、沐浴用品、折疊浴盆、餐具、水壺、食物剪、奶瓶清潔劑、奶瓶刷
外出用品	嬰兒推車、揹巾、手推車雨遮罩、安撫玩具、野餐墊
食品類	奶粉、奶粉分裝袋、奶瓶、保溫瓶、悶燒罐、副食品（生米）
藥品類	耳溫槍、屁屁膏、脹氣膏、感冒備藥

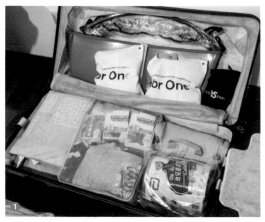 

1 使用類似 Rimowa Sport 款式行李箱，可以放入較為大件的行李（如奶粉罐） 2. 善用收納袋分類，行李才不會一團亂

● 衣物收納

衣物的收納，建議使用衣物收納袋整理，盥洗用品也是收納在旅用盥洗包。其實好好把行李整理整齊，不知不覺就會多出許多空間，善用收納包將物品分類，要找東西也比較好找，才不會每次找件衣服就把行李箱翻成一團亂。

● 奶粉、副食品、悶燒罐

孩子還未斷奶之前，整理行李時肯定會覺得非常棘手。如果孩子是喝配方奶的話，就得準備奶粉、奶瓶、奶瓶清潔劑、奶瓶刷；如果是喝母奶又是瓶餵的話（親餵則簡單許多），除了奶瓶及清潔用具外，還得再帶擠奶器具。

孩子若有固定喝的奶粉品牌，請千萬不要在旅遊時刻意更換奶粉，記得從台灣帶上足夠的奶粉量。如果覺得奶粉罐體積大又佔行李空間的話，建議可以使用夾鍊袋來裝奶粉，另外請再準備一些拋棄式奶粉分裝袋，抵達當地後再進行奶粉分裝，這樣旅遊途中也不用整天揹著一大袋奶粉，只要把每一餐的奶粉量裝入拋棄式奶粉分裝袋，就能輕鬆出門。

在日本，嬰幼兒的副食品調理包或是食物泥非常普遍，一般在大型超市或是嬰幼兒用品店都能買得到。以我的經驗，會從台灣帶悶燒罐，再帶一些白米，每天早上要出門前先把白米洗淨放入悶燒罐中，再加入適量 100 度 c 的熱水，等到中午打開後就是熱騰騰的白粥。或是隨身攜帶一些調理包，吃飯時間把調理包塞到悶燒罐中，再加入熱水悶個幾分鐘就可以享用了。

● 沐浴用品、折疊式浴盆

一般帶小孩出國，可以準備幼童專用的沐浴用品，飯店提供的沐浴用品不見得適合幼童的細嫩肌膚，所以幫孩子們準備慣用的清潔用品會比較安心。在小孩還不會站立淋浴的時期，可以攜帶折疊式浴盆，或是嬰幼用品店也有販售充氣式浴盆，是挺方便又比較不佔行李空間的選擇。

1. 將沐浴用品收納在盥洗包內　2. 帶著折疊式浴盆，就能輕鬆幫孩子洗澡

● 餐具、水壺

日本的餐廳多半會提供兒童餐具，但為了確保衛生，我還是習慣自己準備孩子的餐具（碗及湯匙），也會帶上食物剪將食物剪碎。另外，旅遊時別忘了幫孩子準備水壺，讓他們在旅遊途中隨時都能補充足夠的水份（特別提醒的是，若有攜帶食物剪，搭機時請放在託運行李中）。

● 推車及揹巾

如果孩子是 2 歲以下或是平常就有小睡習慣的，建議還是帶著嬰兒推車，免得抱孩子抱到腰痠背痛。在孩子不坐推車的時候，推車上也能放些行李，減少爸媽旅遊時的負擔。推車的選擇，會建議攜帶輕便型的折疊推車，這樣在上下車、收納方面都會比較方便、快速。雪倫在孩子還需要推車的年紀時，都是上網租賃可以帶上飛機的 Babyzen Yoyo 推車，輕便好推又好收，在旅行途中著實減輕了不少負擔。

1. 雨遮罩也是必備物品　2. YOYO 推車輕便又好收，上下公車變得格外輕鬆

● 備用藥及耳溫槍

出國前一定要到小兒科診所拿孩子的備用藥品（一般感冒藥、腸胃藥等），孩子在旅行途中感冒生病是大家都不樂見的，因此備用藥品及耳溫槍盡可能都隨身帶著，比較妥當（如果有攜帶藥水上飛機的話，請記得裝入夾鍊袋中，容量也請勿超過100ml）。

● 尿布

在孩子2歲尚未戒尿布以前，其實尿布是最佔行李空間的，如果旅行天數短，建議就直接從台灣帶過去，尿布用完後，行李箱多出來的空間也可以拿來放置戰利品；如果天數較長，行李箱實在裝不下的話，再考慮於當地的嬰幼兒用品店（阿卡醬本舖或西松屋）購買。以雪倫的自身經驗，不管旅行天數幾天，我都會帶齊足夠的尿布片，一來是擔心臨時買不到尿布，二來是擔心買到孩子用不慣的尿布而導致尿布疹，那就麻煩了。在打包行李時，可以將尿布放到最後再整理，先把其他行李都收整齊放妥後，見縫就塞尿布，這樣行李空間就不會被一整袋的尿布給佔據了。

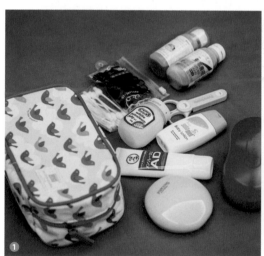 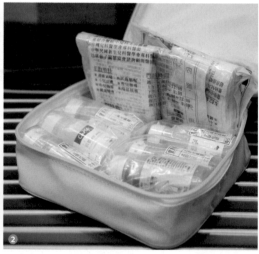

1. 孩子經常會使用到的藥品，都得備妥　2. 出發前請至小兒科診所拿取備用藥品

步驟五：孩子搭機不吵鬧小撇步

　　帶孩子出國，大部份的父母最擔心的就是帶著孩子搭飛機了，擔心在這 3 ～ 4 個小時的航程裡他們不乖乖配合、一直吵鬧影響到其他乘客。一般在起飛和降落時，嬰兒比較會出現因艙壓改變而導致耳朵不舒服，這時可以給小孩喝點牛奶、水或是吃點點心，降低他的不適感。

　　如果孩子在飛行途中不乖乖坐好，這時候媽媽就得拿出小法寶來吸引他們的目光，例如塗鴉本、貼紙書、小故事書等。有時甚至準備一些他們沒看過、沒玩過的小東西，更能專注不吵鬧。爸爸媽媽陪著一起塗鴉、說說故事，準備一些小零嘴（葡萄乾、米餅類），讓他們度過這漫長的飛行時間。記得在候機時，盡量不要讓孩子睡覺，多讓他們下來走路、跑跳，消耗體力，說不定一上飛機立刻倒頭就睡，那就太完美啦！

　　孩子還小，會吵會鬧也是在所難免，但前提是小孩吵鬧時，父母要想盡辦法安撫，切勿放任不管而影響到其他乘客，共勉之。

1. 起飛降落時可以讓嬰兒喝點牛奶 2. 3. 4. 準備好塗鴉本、貼紙本，陪伴孩子度過漫長的飛行時光

步驟六：租車自駕須知及取車流程

來北海道旅行，多數人選擇以自駕的方式進行。在北海道開車，比在日本其他城市相對容易，這裡道路寬廣、人車也較少，對外國人而言只要花點時間熟悉右駕，應該很快就能上手了。不過還是得建議國人，若是在冰天雪地的冬季來到北海道，還是盡量利用大眾交通運輸，畢竟不熟悉路況，雪地駕駛的經驗也不足，若是車子不慎打滑，發生事故的機率可是會相對提高許多。

來北海道租車前，在台灣要先至監理所申請一份駕照日譯本。申請時必須帶著有效期內的台灣駕照正本及身分證正本至全國各監理所辦理（可跨區申請）。抵達日本取車時，請備妥台灣駕照正本、護照及駕照日譯本，將這三樣證件交由租車公司方可辦理租車事宜（三證件缺一不可）。

日本的租車公司有很多間，像是 TOYOTA 租車、OTS 租車、JR 租車及 ORIX 租車等，每間提供的車款、價格都不盡相同，大家可以多上網比較後再決定。ORIX 租車公司的官網訂車流程有中文介面，讓不會日文的人也可以很輕易上手；另外 ORIX 時常會推出許多早鳥的租車優惠方案，針對首次入會的會員也有特別的折扣。

● 取車流程

抵達日本時該如何取車呢？以新千歲機場為例，入境後先找到租車公司的櫃檯和服務人員說明要取車，資料核對無誤後，服務人員便會引導至候車處等待接駁巴士將您接送到租車公司取車。

機場取車流程

1. 機場租車公司櫃台報到

2. 租車公司巴士前來迎接

3. 機場外圍租車公司取車

資料核對及 ETC 卡申請

1. 需準備之資料：
護照、台灣駕照、
駕照日譯本

2. 租車資料確認

3. 高速公路暢遊
Pass Hokkaido
Expressway Pass
（選購）

4. ETC 卡片申請

5. ETC 卡片安裝
安裝後上下收費高
速公路時請直接走
ETC 車道

取車檢查

1. 車輛外觀檢查　2. 車輛操作教學確認 GPS 導航機設定方法　3. 安全座椅調整

加油

想要加滿油
請對
工作人員說

「Regular 滿單」

自助加油

1. 選取油類

2. 決定公升數或金額

3. 於機器刷卡或付現

4. 拿起油槍加油

還車流程

加滿油料、開往租車公司、ETC 費用結算（租車公司巴士送機）

● GPS 導航設定

在日本租車，大部份的車款都會附有 GPS 衛星導航系統，也都支援中文介面。以往在設定 GPS 導航時都要輸入地址或是電話號碼來定位，但遇到沒有地址或電話的地點，如美瑛青池、神之子池、羅臼熊之湯等，就會非常麻煩。這時可以使用日本 Mapion 公司發明的地圖資料系統 MapCode 來定位，它是由 7 ～ 9 碼數字組合而成的精確地理位置，而目前日本各大車款的 GPS 導航系統也都支援 MapCode 定位。使用 MapCode 定位的正確度非常高，本書裡也提供所有景點的 MapCode，方便自駕旅遊的朋友們參考。

● 高速公路 ETC

北海道有一部份高速公路是需要付費使用的，因此在北海道租車時，請順便向租車公司承租 ETC 晶片卡，只要將這張卡片插入汽車裡的 ETC 卡槽中，之後如果行經 ETC 付費車道，系統便會自動計費。

針對外國遊客設計，日本推出了 Hokkaido Expressway Pass，這是一張在期限內可以自由使用高速公路的票券，依使用天數分成 2 日～ 14 日。這張 Pass 的優點是只需繳納固定的費用，即可在有效天數內無限制的使用北海道境內的收費高速公路。例如：下飛機後從新千歲機場取車前往旭川，單程的過路費為 4,810 円，若在租車時就購買 2 日的

Hokkaido Expressway Pass（3,700 円），那就非常划算了。不過要提醒的是，Hokkaido Expressway Pass 購買的天數必須與租車的天數相同，也就是不能租 10 天車，但只買 2 天 Hokkaido Expressway Pass。另外，就算有購買 Hokkaido Expressway Pass，還是得再額外承租 ETC 卡安裝在車內。

若是沒有購買 Hokkaido Expressway Pass，單純使用 ETC 卡扣繳過路費，等到歸還車子時，租車公司的服務人員會將租用期間內行經路段的 ETC 扣繳明細列印出來，此時再一次將過路費的總額繳納給租車公司即可。

各家租車公司資訊

ORIX 租車
https://car.orix.co.jp/tw/
（線上預約有中文）

OTS 租車
https://www.
otsinternational.jp/
otsrentacar/
（線上預約有中文）

JR 租車
https://www.ekiren.co.jp/
（線上預約有中文）

TOYOTA 租車
https://rent.toyota.co.jp/
zh-tw/
（線上預約有中文）

步驟七：旅遊實用 APP 軟體推薦

　　旅行途中，難免會有許多突發狀況，好比事先查好的餐廳突然公休、看了菜單卻有看沒有懂、迷路了想問路卻不會講日文等諸如此類的問題。現在科技越來越進步，只要有網路再加上一台智慧型手機，就能隨時隨地的查詢資料。就算在旅行途中迷路了，只要手機裡有地圖導航的 APP，它就能像一盞明燈般指引您走到正確的道路上。如果上餐館點菜看不懂日文，也有翻譯軟體的 APP，可以輕鬆看懂菜單。總之，只要下載好幾個自己熟悉的旅行用 APP 軟體，就能大膽、放心的出國去了。

　　以下是出國常用的 APP 軟體，讓帶著孩子出遊的您也能應對自如。

類別	APP 名稱	下載連結 QR code	
	Hotelscombined 透過比價，提供各大訂房網站該飯店的最低價格。	 	
飯店類	**Agoda** 搜尋日本飯店常有意想不到的促銷價格。	 	
	Booking.com 提供飯店預訂，歐美飯店的價格通常比較漂亮。		
交通類	 **乘換案內** 快速查詢地鐵交通的轉乘資訊		

類別	APP 名稱	下載連結 QR code	
交通類	**Sygic** 離線地圖		
	Mapion 日本全國地圖及 MapCode 資訊		
實用類	**The weather Channel** 提供全世界各城市的天氣預報		
	Tripadvisor 查詢飯店、餐廳、景點的 顧客評價		
	XE Currency 貨幣轉換器		
	櫻花情報 (桜のきもち) 提供最新櫻花開花情報		

大人安心充電、
小孩盡情放電！

Chapter 3

各城市親子遊行程

北海道親子遊行程全圖

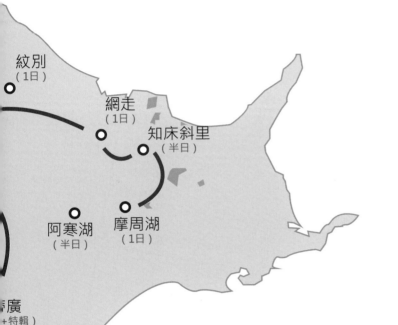

札幌
一日小旅

札幌周邊

⚲ 景 白色戀人公園　景 円山動物園　景 北海道神宮
景 藻岩山

🍴 午 円山動物園ファミリーショップもりやま
晩 THE JEWELS（藻岩山頂展望台內）

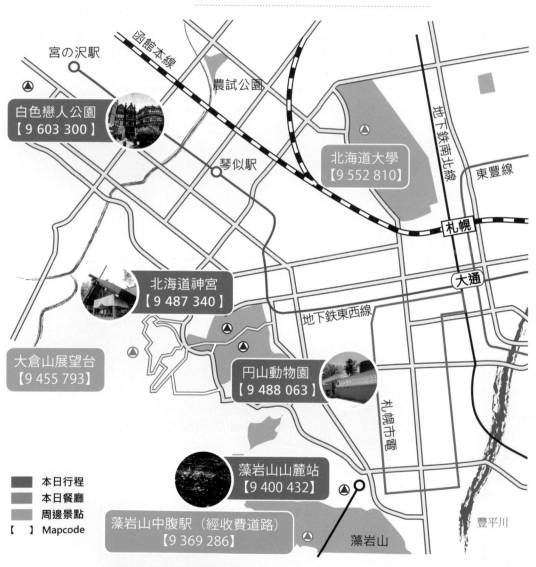

宮の沢駅

函館本線

農試公園

白色戀人公園
【9 603 300】

琴似駅

北海道大學
【9 552 810】

地下鉄南北線

東豊線

札幌

大通

北海道神宮
【9 487 340】

地下鉄東西線

大倉山展望台
【9 455 793】

円山動物園
【9 488 063】

札幌市電

藻岩山山麓站
【9 400 432】

藻岩山中腹駅（經收費道路）
【9 369 286】

藻岩山

豐平川

本日行程
本日餐廳
周邊景點
【　】Mapcode

白色戀人公園
白い恋人パーク

地圖

　北海道知名的白色戀人相信大家一定都不陌生，它可以說是北海道最具代表性的甜點餅乾，不論在日本哪個角落，只要有販售餅乾禮盒的伴手禮店，總是被放在最顯眼的位子上。白色戀人餅乾是由日本知名的甜點製造商「石屋製菓」所發行，不僅受外國人青睞，從 1976 年上市以來就一直風靡全日本。石屋製菓將他們位於札幌西區的工廠改建成一座富有英式庭園風格的觀光工廠。在這裡能近距離觀看餅乾的製作過程，還能製作印有自己照片的白色戀人餅乾鐵盒，是來札幌一定要造訪的景點之一。

　這一座宛如歐洲城堡式的莊園建築，是由 Entrepot Hall（あんとるぼ館）、Chocolate Factory（チョコレートファクトリー）、Tudor House（チュダーハウス）三棟建築所構成。入口處那棟外觀醒目有著鐘樓造景的建築就是 Entrepot Hall，工場見學的門票就在這裡購買。朝著「順路」的標誌往三樓走去，沿途展示了許多珍貴的收藏品，走到餅乾工廠的生產線時，孩子們一個個緊貼著玻璃窗，目不轉睛的注視生產線上的每一道手續，一片片餅乾沿著自動生產線排列行走，工作人員眼明手快的將不合格、破碎的餅乾挑出，僅有合格的餅乾才能進入最後的包裝生產線。

白色戀人公園

1. 白色戀人公園：玫瑰花園　2. 餅乾製作生產線　3. 都鐸歐式洋房 2 樓的懷舊兒童玩具

若是時間許可，體驗工房裡還可以親手製作心型的白色戀人餅乾。這項活動採預約制，但現場若有剩餘名額也能直接報名參加。

北海道的冬季，各大城市都會舉辦燈節活動，而在札幌，肯定要知道這個私密景點：白色戀人公園夜間點燈。每年的 11 月中旬至翌年的 3 月下旬，夜晚的白色戀人公園彷彿在舉辦嘉年華會似的，園區裡百燈齊亮，畫面美得讓人如癡如醉！如果當天又飄起雪，那就更應景，成了名副其實的「白色」戀人公園了。

1.2. 白色戀人耶誕點燈

🔍 白色戀人公園（白い恋人パーク）

地址	北海道札幌市西區宮之沢 2-2-11-36
電話	011-666-1481
營業時間	10:00 ～ 18:00

※ 收費區域營業至 17:00、不收費區域至 18:00（售票僅至 16:00）

※ 冬季點燈活動時間，請依官網公告為主

官網

公休日	全年無休

 洗手間　 無障礙洗手間　免費停車場　 餐廳／賣店　 自動販賣機　 投幣式置物櫃　哺乳室　尿布台　 嬰兒推車租借

嬰兒車友善環境　 雨天 ok

年齡	全年齡適合
參觀時間	2 小時
嬰兒車	園區內可推嬰兒車進入，但工場見學內有階梯，建議使用揹巾
門票	一般入園參觀免費

白色戀人工場見學	費用
成人	￥800
孩童（4 ～ 15 歲）	￥400
3 歲以下	免費

客製化餅乾鐵盒：聖誕節限定版

🚋 交通指南

搭乘地下鐵東西線於「宮之沢」下車步行約 7 分鐘抵達

円山動物園
Sapporo Maruyama Zoo

地圖

❶

　「札幌市円山動物園」是北海道第一座動物園，自 1951 年由東京上野動物園遷移動物至此，已經有 68 年的歷史了。這裡不僅只有動物吸引人，園區內春天櫻花滿開、夏天綠樹茂盛、秋天楓葉乍紅，來到了冬天，還能讓民眾親眼目睹寒帶動物朝氣蓬勃的樣貌。

絕不能錯過猴山及北極熊館

　円山動物園佔地約有 22 萬 5 千平方公尺，園區依照動物特性及生態，區分為熱帶動物館（河馬、長頸鹿、獅子等）、雨林動物館（馬來貘、馬來熊）、高山館、寒帶館、熱帶鳥類、爬蟲兩棲館、人猿館、猛禽館等等，種類多到讓人目不暇給。

❷ ❸ ❹

1. 円山動物園　2. 動物科學館內　3. 西門旁的まるっぱ遊具廣場　4. 猴山展望休憩所的兒童遊戲區

猴山

來到円山動物園，絕對不能錯過猴山，在這直徑 25 公尺的圓形放飼場內，模擬建造一座適合野生猴子生活的原始自然景觀，讓這群從京都遷移至此的猴子，能夠自在的生活於北國這塊土地上。2006 年，園方在猴山的旁邊增蓋了一座展望休憩所，讓孩子們能夠透過玻璃近距離的觀看猴群的生活姿態。

來北海道一定要親眼目睹北極熊，円山動物園裡的世界熊館飼養著大人小孩都喜愛的北極熊。帶著孩子來的這天，北極熊懶洋洋的，或許是天氣太熱，和牠所習慣的天寒地凍環境全然不同，才露出一臉疲態樣。2014 年底，円山動物園裡的北極熊媽媽ララ（Lala）產下了第八胎小北極熊，取名為「リラ」（Rila）。來円山動物園時，不妨多多留意能不能看到這位新生北極熊出來見客囉！

🔍 円山動物園

地址	北海道札幌市中央區宮之丘 3-1
電話	011-621-1426
營業時間	夏季 3/1 ～ 10/31：9:30 ～ 16:30
	冬季 11/1 ～ 2/28：9:30 ～ 16:00
公休日	每月第 2、4 個週三（若遇國定假日則順延一日）、4 月第二個週一至五、11 月第二個週一至五、12/29 ～ 12/31

官網

年齡	全年齡適合
參觀時間	3 小時～半天時間
嬰兒車	園區內可推嬰兒車進入，也可租借嬰兒推車

門票

	費用
成人	￥800
高中生	￥400
中學生以下	免費

備註	投幣式置物櫃最大尺寸 W42xH93×D58（cm）

 洗手間　 無障礙洗手間　 Pay 付費停車場

 餐廳／賣店　 自動販賣機　 投幣式置物櫃

 哺乳室　 尿布台　 嬰兒推車租借

 嬰兒車友善環境

🚍 交通指南

1. 地下鐵東西線於「円山公園站」轉乘 JR 巴士動物園線「円 15」或「円 16」，於「円山動物園西門站」前下車即抵達

2. 地下鐵東西線於「円山公園站」轉乘 JR 巴士動物園線「くらまる号」，於「円山動物園正門站」下車即抵達

北海道神宮
HOKKAIDOJINGU

地圖

　　位於札幌中央區的北海道神宮，座落在円山公園內，它是北海道的守護神，亦是北海道人民精神的寄託。明治天皇於 1871 年在現今北海道神宮的位置上設立了「札幌神社」，祭祀著開拓三神。直到 1964 年的昭和時代，札幌神社增祀了明治天皇後，才改名為「北海道神宮」。

　　我想大家可能會和我一樣好奇，究竟神社與神宮有什麼不同呢？其實神社又可分為神社與大社，祭祀的對象是神明，稱之為祭神，例如八坂神社、伏見稻荷大社；神宮則是祭祀著日本皇室祖先或是與皇室有淵源之人物，例如伊勢神宮及明治神宮。有了這個基本常識，以後對日本的神社、大社、寺廟、神宮就不會再傻傻分不清楚了。

　　來到北海道神宮除了參拜本宮之外，神宮境內亦有諸多分社，如開拓神社、鑛靈神社、穗多木神社，都是祭祀著北海道開拓時期犧牲奉獻的殉職者。沿著表參道的兩側是櫻花並木，種植著蝦夷山櫻、染井吉野櫻、八重櫻等約 1,400 多株櫻花樹，每年 5 月春櫻綻放的季節一到，神宮瞬時化身為賞櫻名所，吸引國內外遊客前往。

　　最後，在離開前別忘了到停車場旁的和菓子店「六花亭」走走，在這兒能免費喝杯熱茶稍作歇息，也能品嚐到北海道神宮限定的「判官樣」紅豆麻糬，還能順便選購些六花亭的伴手禮回家呢！

1. 神宮本殿　2. 北海道神宮朱印

1. 表參道　2. 北海道神宮　3. 北海道神宮授与所　4. 神宮內六花亭

🔍 北海道神宮

地址　　札幌市中央區宮之丘 474

電話　　011-611-0261

營業時間　2 月：7:00 ～ 16:00　　3 月：7:00 ～ 17:00
　　　　　4 ～ 10 月：6:00 ～ 17:00　　11 ～ 12 月：7:00 ～ 16:00

公休日　　全年無休

官網

洗手間　無障礙洗手間　付費停車場　餐廳／賣店　自動販賣機　嬰兒車友善環境

年齡　　　全年齡適合

參觀時間　半小時

嬰兒車　　神宮內可推嬰兒車進入

門票　　　無

🚌 交通指南

從 JR 札幌站搭乘 JR 巴士（西 14/ 西 15）於「神宮前停留所」下車，步行 1 分鐘即抵達

藻岩山
もいわ山

地圖

　位在札幌市中心，海拔 531 公尺的藻岩山是札幌難得一見的原始森林。不分春夏秋冬，每晚夜幕低垂後，上山的遊客便絡繹不絕，為得就是要親眼目睹有如繁星大地的札幌夜景。

　要登上藻岩山必須搭乘兩段纜車，先從「山麓站」搭乘第一段空中纜車到「中腹站」。這一段纜車是能夠搭載 66 人的大型車廂，此款車廂外觀有銀藍與棕橘兩種色系，是以棲息於這座原始森林內的松鼠與貓頭鷹原生毛色為構想，也呼應了藻岩山是座與大地和諧共存的自然森林。來到「中腹站」，必須下車再轉乘 mo-risu 迷你纜車（もーりすカー），這是世界首創的森林體驗型迷你纜車，利用纜索的雙向推動，藉以達到節能省碳的目的，也為守護地球盡一份心。併排的兩節迷你車廂靠著繩索緩緩的往山頂上爬升，坐在前頭的車廂可感受到纜車爬升時的刺激感，坐在後頭車廂的乘客則可盡情飽覽漸行漸遠的城市夜景。建議去回程時可選擇不同的車廂搭乘，分別感受看看。

藻岩山夜景

藻岩山的夜景，就如同星辰散落在大地，浩瀚無垠沒有邊際。在山頂上，大家總是喜歡像尋寶似的找尋座落於城市中的各個地標。這裡也是戀人聖地，在展望台的中央佇立著一座寶石形狀的「幸福之鐘」，所有遊客不分男女老少都會去敲響這代表愛情的鐘聲，而相戀的情侶更是會在一旁的鐵欄杆鎖上象徵愛情的掛鎖，祈願戀情能長長久久。

2015 年時，日本三大夜景洗牌，由藻岩山取代函館山的地位，從此日本新三大夜景：長崎（稻佐山）、札幌（藻岩山）、神戶（摩耶山）正式出爐。究竟是哪個地方的夜景最美？這個問題就真的比較見仁見智了。比起藻岩山星羅棋布沒有邊界的夜景，我倒是比較偏愛函館山那有著雙弧腰線的海灣夜景。

1. 於山下的市電「ロープウェイ入口」有免費接駁專車可搭至藻岩山山麓站　2. 藻岩山纜車：山麓站　3. 前往藻岩山要先搭乘第一段的大型纜車　4. 從山頂眺望 mo-risu 迷你纜車軌道　5. 別忘了敲響幸福之鐘

1. 藻岩山上賣店 2. 藻岩山幸運寶寶もーりす

🔍 藻岩山（もいわ山）

地址	北海道札幌市中央區伏見 5-3-7
電話	011-561-8177
營業時間	夏季 4 ～ 11 月：10:30 ～ 22:00（纜車最終時間 21:30）
	冬季（12 ～ 3 月）：11:00 ～ 22:00（纜車最終時間 21:30）
	※ 特別營業時間
	12/31：11:00 ～ 15:00（纜車最終時間 14:30）
	1/1 觀看日出：5:00 ～ 10:00（纜車最終時間 9:30）
公休日	每年纜車設備點檢日不同，請依官網公告為主

官網

洗手間　無障礙洗手間　免費停車場　餐廳／賣店　自動販賣機　投幣式置物櫃　Free wifi　尿布台　嬰兒車友善環境

年齡	全年齡適合	參觀時間　1 小時	嬰兒車　可推嬰兒車進入

搭乘路線	費用
山麓站↔山頂站（展望台）	來回：成人￥2,100、兒童￥1,050
山麓站↔中腹站	來回：成人￥1,400、兒童￥700
中腹站↔山頂站（展望台）	來回：成人￥700、兒童￥350

門票

※ 一位大人可攜帶 2 名 6 歲以下幼兒免費搭乘

🚋 交通指南

搭乘市電至「ロープウェイ入口」下車，於「南 19 西 15」有免費接駁專車可搭至藻岩山山麓站

✗ 本日餐廳推薦

午餐 円山動物園ファミリーショップもりやま

- 🏠 兒童動物園旁（円山動物園內）
- ☎ 011-644-5054
- 🕐 9:30 ～ 16:30
- 🏠 冬季不定時休業
- 💰 800 円起～
- 📌 玉米奶油拉麵、炸蝦蓋飯

晚餐 THE JEWELS（藻岩山頂展望台內）

THE JEWELS 餐廳

官網　　　　　地圖

- 🏠 北海道札幌市南區北之澤 1956 藻岩山山頂
- ☎ 011-513-0531

夏季	冬季
晚餐時段 17:00 ～ 21:00（L.O19:30）	晚餐時段 17:00 ～ 21:00（L.O19:30）
周末午餐 11:30 ～ 14:30（L.O13:30）	周末午餐 12:00 ～ 14:30（L.O13:30）

- 💰 3,000 円起～
- 📌 法式料理
- 🚗 搭乘市電至「ロープウェイ入口」下車，於「南 19 西 15」路口有免費接駁專車可搭至藻岩山麓站，再轉搭纜車至藻岩山頂站

札幌一日小旅 2

札幌周邊

○ 景 莫埃來沼公園　景 札幌 SATOLAND 體驗農場
購 ARIO 購物中心

✗ 午 莫埃來沼公園野餐　晚 札幌啤酒園

莫埃來沼公園
【 9 712 813 】

札幌 SATOLAND 體驗農場
【 9 740 091 】

AEON EXPRESS 超市
【 9 681 421 】

札幌自動車道

地下鉄東豐線

道央自動車道

地下鉄南北線

札幌啤酒園
【 9 554 261 】

北海道大學
【 9 552 810 】

札幌

ARIO 購物中心
【 9 554 206 】

本日行程
本日餐廳
周邊景點
【 　 】 Mapcode

莫埃來沼公園
モエレ沼公園

地圖

　「莫埃來沼公園」位於札幌市東北部，是一座在 270 萬噸廢棄物掩埋場上興建而成的公園。這座公園的藍圖是由日裔美國人野口勇（Isamu Noguchi）先生親自設計，並從 1982 年開始動工。令人悲痛的是，野口勇先生於 1988 年不幸離世，後續的工事則由野口勇財團堅守著野口勇先生的遺志監修，最後終於在 2005 年竣工開幕。

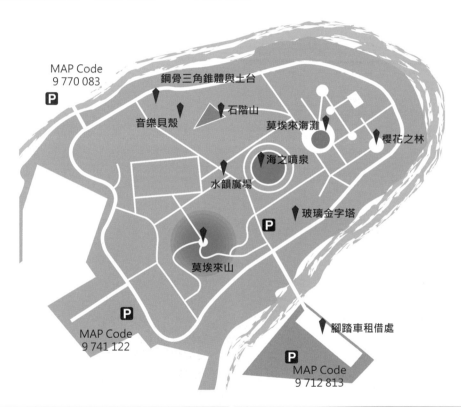

MAP Code
9 770 083
P

鋼骨三角錐體與土台

音樂貝殼

石階山

莫埃來海灘

櫻花之林

海之噴泉

水韻廣場

玻璃金字塔

莫埃來山

P

P
MAP Code
9 741 122

腳踏車租借處

P
MAP Code
9 712 813

1. 公園內的海之噴泉　2. 夏日的莫埃來海灘

騎單車遊公園最暢快！

莫埃來沼公園佔地 188.8 公頃，光看這個數字可能對於「這裡有多大？」沒什麼概念，具體來說，大概有 34 座札幌巨蛋那麼大。所以，要在短時間內暢遊莫埃來沼公園的方式就是騎單車了。在公園的腳踏車租借中心（レンタサイクル）提供了 100 多部單車給遊客租賃，這裡的腳踏車分成兩種，一種是普通的自行車，一種則是搭載著幼童座椅的腳踏車。對於帶著孩子前來的父母而言，有幼童座椅的腳踏車真的是一大福音，可以載著孩子盡情地馳騁在這片大自然綠地裡，非常過癮！

這座公園裡蘊藏著諸多藝術雕刻及建築，野口勇先生起初設計莫埃來沼公園時，就是想把這裡打造成一座如同「大地雕刻」的藝術品，而今日所看到的成果，則是他實現夢想的最後一作。

1. 戰鬥機突然劃過天際　2. 戰鬥機在天際中畫出一顆大愛心　3. 搭載幼童座椅的腳踏車　4 載著孩子一同漫遊莫埃來沼公園

玻璃金字塔（ガラスのピラミッド）

　　這座高 32 公尺的 3 層樓金字塔玻璃建築，是莫埃來沼公園最引人注目的建築藝術品。玻璃金字塔，外觀雖看似簡單，實際上卻是以三角面、四角錐及立方體組合而成的複雜結構。金字塔內是座開放式的室內空間，裡頭自然光流入，隔著玻璃帷幕仰望天空，真的會讓人忘卻自己正身處在室內呢！

莫埃來山（モエレ山）

　　海拔僅 62 公尺的莫埃來山看起來像是座天然隆起的小山丘，但萬萬沒想到這座小山丘竟然是用不可燃垃圾及廢棄土壤所堆積而成的人造山丘。莫埃來山的三個面總共設有 5 條登山步道，建議可以花幾分鐘登上山頂，看看那毫無邊際的莫埃來沼公園美景。

1. 金字塔內一隅
2. 玻璃金字塔
3. 擠滿人潮的莫埃來山

67

海之噴泉（海の噴水）

海之噴泉是莫埃來沼公園最後一項完工的設施，這裡每天會有 3 ～ 4 次的大規模噴泉表演，遊客們必須掌握時間，才有機會看到噴發時的壯觀場面。

1.2 海之噴泉

海之噴泉 時刻表		
4 ～ 5 月	平日	13:15 ～ 13:30、16:00 ～ 16:15
	假日	10:30 ～ 10:45、13:15 ～ 13:30、16:00 ～ 16:15、18:30 ～ 18:45*
6 ～ 8 月	平日	10:30 ～ 10:45、13:15 ～ 13:30、16:00 ～ 16:15
	假日	10:30 ～ 10:45、13:15 ～ 13:30、16:00 ～ 16:15、19:15 ～ 19:30*
9 ～ 10 月	平日	13:15 ～ 13:30、16:00 ～ 16:15
	假日	10:30 ～ 10:45、13:15 ～ 13:30、16:00 ～ 16:15、18:30 ～ 18:45*

備註：＊代表有打燈

石階山（プレイマウンテン）

　　野口勇先生在參與設計莫埃來沼公園時，一直想打造一座「不僅僅只有欣賞，而是要能夠親身觸摸雕刻作品的公園」。莫埃來沼公園內的石階山是一座超大型的雕刻作品，讓遊客能夠近距離的撫摸它、攀爬它。石階山從山下延伸至山頂共有 99 級的寬廣石階，是由瀨戶內海犬島運來的花崗岩打造而成，它仿古的設計遠看還真像座古代遺跡呢！

1. 音樂貝殼　2. 石階山　3. 鋼骨三角錐體與土台

莫埃來海灘（モエレビーチ）

　　北海道的夏季短暫，因此這裡的孩子常會把握夏日時節，盡情的享受戲水的樂趣。充滿童心的野口勇先生為了滿足札幌孩子的夢想，闢建了這座以海濱為設計構想的人工戲水場。每到夏天，這裡總是充滿著孩子們的歡笑嬉鬧聲，好不熱鬧。

※ 可自備簡易型帳篷及野餐墊，也別忘了幫孩子及自己帶一套替換衣物。

櫻花之森（サクラの森）

　　在種有 2,300 株櫻花樹的森林裡，竟然隱藏著一座遊具場。這座遊具場裡的遊具和一般所見的溜滑梯、盪鞦韆造型不同，而是由色彩豐富、具有感官刺激的幾何形狀所構成。

這個遊具場適合 90 公分以上的幼童，在家長的陪同下，放手讓孩子親身去摸索、體驗、發掘，每個孩子都會發揮他們的想像力，創造出多種不同的玩法。

1. 充滿歡笑聲的莫埃來海灘　2. 孩子們好愛這片大自然　3. 4. 櫻花之森遊具場

🔍 莫埃來沼公園 （莫埃來沼公園）

地址	北海道札幌市東區モエレ沼公園 1-1
電話	011-790-1231
營業時間	東入口：7:00 ～ 22:00（入場閘口 21:00）
	西入口：7:00 ～ 19:00（4/20 ～ 11/20 開放）
	南入口：7:00 ～ 19:00（4/16 ～ 11/20 開放）
公休日	全年無休

官網

 洗手間　 無障礙洗手間　 免費停車場　 餐廳／賣店　 自動販賣機　 投幣式置物櫃　 腳踏車租借　 哺乳室　尿布台

 嬰兒推車租借　 嬰兒車友善環境

年齡	全年齡適合
參觀時間	半天
嬰兒車	園區內可推嬰兒車進入，也可租借嬰兒推車
門票	免費
備註	1. 投幣式置物櫃於「腳踏車租借中心」旁及「玻璃金字塔 1F」皆有　最大尺寸為 W52×H86×D56（cm）
	2. 腳踏車租借分成普通車（200 円／ 2hr）及附有幼童座椅的腳踏車（300 円／ 2hr）
	3. 哺乳室位於玻璃金字塔
	4. 嬰兒推車可於「腳踏車租借中心」及「玻璃金字塔 1F」免費租用

🚃 交通指南

1. 從地下鐵東豐線「環狀通東」轉乘巴士

東豐線環狀通東駅 ── 東 69 ── 約 25 分 → モエレ沼公園東口
東豐線環狀通東駅 ── 東 79 ── 約 25 分 → モエレ沼公園東口
東豐線環狀通東駅 ── 東 61 ── 約 25 分 → モエレ沼公園西口

2. 從地下鐵南北線「北 34 条」轉乘巴士

南北線 北 34 条駅 ── 東 76 ─約 10 分→ 東豐線 新道東駅 ─約 20 分→ モエレ沼公園 西口

札幌 SATOLAND 體驗農場
サッポロさとらんど

地圖

　　距離「莫埃來沼公園」不遠處的「札幌 SATOLAND 體驗農場」，是座以農業為主題的大型公園。在這裡能看到花田、農園、還有動物們自然緊密的結合。遊客可選擇徒步漫遊農場，也可租借造型獨特的協力車、搭乘馬車，或是乘坐園區內專屬的 SL 巴士遊園車遊歷整座農場。

　　對於帶小孩的家庭，建議在入口處租台四輪協力車，這裡的四輪協力車附有兩大兩小的座位，一家大小可以乘著它輕鬆的遊覽農場。迎著徐徐微風，邊踩著協力車邊欣賞農場裡盛開的花朵，不知不覺得就會來到「趣味自行車」（おもしろ自転車）遊樂場，這裡提供約 50 台各式各樣、造型獨特的小型腳踏車，讓 3 歲以上的孩子及大人可以盡情的在跑道上競速，畫面非常有趣。

1. 札幌 SATOLAND 體驗農場　2. 四輪協力車租車處　3. 騎著協力車漫遊農場　4. 趣味自行車遊樂場

　　在札幌 SATOLAND 體驗農場裡，可以讓孩子們親近動物、植物、還能體驗各項農事（須預約）。這裡的夏天百花齊放，亦是農園收成的好時節，一到冬天則搖身一變成為滑雪場，所以不論哪個季節來，相信都能深刻感受到這片土地的美好。

夏日限定：盛開的薰衣草田

札幌 SATOLAND 體驗農場（サッポロさとらんど）

地址	北海道札幌市東區丘珠町 584-2
電話	011-787-0223
營業時間	4/29 ～ 9/30：9:00 ～ 18:00
	10/1 ～ 4/28：9:00 ～ 17:00
公休日	11/4 ～ 4/28 每週一；年末年始（12/29 ～ 1/3）

官網

洗手間　無障礙洗手間　免費停車場　餐廳／賣店　自動販賣機　腳踏車租借　哺乳室　尿布台　嬰兒車友善環境

年齡	全年齡適合
參觀時間	半天
嬰兒車	園區內可推嬰兒車進入
門票	入園免費（租借單車、搭乘馬車及手作體驗須自費）
備註	1. 協力車租車費用：一般腳踏車 100 円／ 1hr；四輪車 300 円／ 1hr
	2. 趣味自行車：300 円／ 30min（3 歲以下孩童須有大人陪同才可入場）

🚃 交通指南

1. 從地下鐵東豐線「環狀通東站」轉搭中央巴士「東 61」至「丘珠高校前」下車，步行 10 鐘即抵達
2. 從地下鐵東豐線「新道東」轉搭中央巴士「東 76」至「丘珠高校前」下車，步行 10 鐘即抵達
3. 從地下鐵南北線「北 34 条」轉搭中央巴士「東 76」至「丘珠高校前」下車，步行 10 鐘即抵達

ARIO 購物中心
アリオ札幌

地圖

　　ARIO 購物中心的舊址是札幌啤酒工廠，在舊址上闢建這座結合購物、美食、娛樂的複合型購物商場，為札幌居民帶來了許多便利之處。ARIO 以家庭為出發點規劃一系列的店舖，有 Ito Yokato 超市、玩具反斗城（ToysRus）、阿卡醬本舖（アカチャン本舖）、還有一處 SPA 按摩水療館及屋內遊戲場，來一趟札幌 ARIO 購物中心就能滿足全家人所有的慾望。

1. ARIO 購物中心　2. 小孩最愛的造型推車　3. 幼童界最火紅的麵包超人商品

阿卡醬本舖

　　台灣媽媽到日本旅遊，一定不會錯過名聞遐邇的「阿卡醬本舖」（アカチャン本舖），這裡可是媽媽們採購兒童用品的好地方。阿卡醬本舖裡的育兒用品非常齊全，從新生兒到學齡前幼兒會使用到的生活用品在這裡都能一次購足。像是嬰兒床、嬰兒推車、汽座、服飾、鞋子、文具用品、幼兒用的盥洗用品、外出用品及嬰幼童零食、調理副食品等應有盡有。有些媽媽們也喜歡到日本購買境內版的尿布，阿卡醬裡的品牌及尺寸皆非常齊全，可以一次搬個夠。

　　日本從 2016 年 5 月開始擴大免稅範圍，目前在阿卡醬消費滿 5,000 円以上也可以辦理退稅，真的是買越多越划算（記得到貼有 TaxFree 的窗口結帳）！

1. 位於 2 樓的阿卡醬本舖　2. 琳瑯滿目的兒童用品

🔍 ARIO 購物中心 （アリオ札幌）

地址　　北海道札幌市東區北 7 條東 9-2-20

電話　　011-723-1111

營業時間　商店：10:00 ～ 21:00
　　　　　1F 美食街：11:00 ～ 22:00（最後點餐時間因餐廳而異）
　　　　　2F 美食廣場：10:00 ～ 21:00（最後點餐時間因餐廳而異）
　　　　　Ito Yokato 超市：1F 9:00 ～ 22:00；2F、3F 9:00 ～ 21:00

官網

洗手間　　無障礙洗手間　　付費停車場　　餐廳／賣店　　自動販賣機　　投幣式置物櫃　　Free wifi　　哺乳室　　尿布台

嬰兒推車租借　　嬰兒車友善環境　　雨天 ok

年齡　　　全年齡適合

參觀時間　3 小時

嬰兒車　　可推嬰兒車進入，也可租借嬰兒推車

🚃 交通指南

1. 搭乘地下鐵東豐線至「東區役所前」下車，從 4 號出口步行約 15 分鐘抵達

2. 搭乘 JR 函館本線至「苗穗站」北口步行約 3 分鐘抵達

3. 搭乘中央巴士「東 3 線」、「東 63 線」於「アリオ札幌」停留所下車

本日餐廳推薦

午餐 莫埃來沼公園野餐

AEON Big Express

若是搭乘大眾運輸前往莫埃來沼公園，建議可以從市區的超級市場採買一些輕食；若是自駕前往者，可以在野餐當天早上，至距離莫埃來沼公園約 3 分鐘車程的「AEON Big Express」超市購買。（MapCode：9 681 421）

地圖

晚餐 札幌啤酒園

官網　　　　　地圖

1. 札幌啤酒園　2. 羊肉吃到飽　3. 也可加點單品　4. 好吃的海鮮炒飯

🏠 北海道札幌市東區北 7 条東 9-2-10

☎ 0570-098-346

🕐 11:30 ～ 21:00（L.O 20:40）

🚫 12/31

💰 吃到飽 2,900 円起

👍 羊肉燒烤吃到飽，亦有單點品項

🚌 從札幌站南口東急百貨店南側「札幌站前」搭乘 Factory 線巴士（循環 88）至「札幌啤酒園」下車

札幌
一日小旅
3

札幌周邊

○ 景 北海道大學　購 JR 札幌車站商圈
景 北海道廳舊本廳舍　景 時計台　景 大通公園（札幌電視塔）
購 狸小路商店街

✕ 午 根室花丸迴轉壽司（Stella Place 6 樓）
晚 Soup Curry & Dining Suage+

北海道大學

清華亭

地下鐵南北線

地下鐵東豐線

JR 札幌車站商圈

さっぽろ (札幌) 駅

北海道大學植物園

北海道廳舊本廳舍

時計台

札幌電視塔

大通公園

大通駅

地下鐵東西線

市電：西四丁目

札幌市電

貍小路商店街

炎神拉麵

市電：貍小路

Soup Curry & Dining Suage+

薄野 (市電&地鐵)

地鐵：豐水薄野

北海道大學

北海道大学

地圖

❸

　　走進這座佔地約 177 萬平方公尺的「北海道大學」，真的會讓人誤以為自己正身處哪一座森林公園裡。北海道大學的前身是「札幌農學校」，1876 年札幌開發之際建立札幌農學校，並聘任美國威廉・史密斯・克拉克為校長。隨著札幌日益發展，札幌農學校的規模也越發擴大，直到 1918 年改名為「北海道帝國大學」。爾後隨著二次大戰結束，新型大學改制，才又更名為「北海道大學」一直沿用至今。

　　克拉克博士畢生奉獻於北海道，他不僅是札幌農學校的校長，亦有北海道開拓之父的稱號。在北大校區內也可以尋覓到他的半身銅像，而於「羊之丘展望台」則能見到克拉克博士的全身銅像。克拉克博士最出名的一句名言是「Boys, Be Ambitious」（少年們，要胸懷大志！）。據說這句名言是克拉克博士要離開北海道返回美國時，對著來送別的學生們說的一句話，從此之後，這句名言就成了北海道大學的校訓，延續至今。

1. 克拉克博士半身銅像　2. 北海道大學綜合博物館內展示　3. 北海道大學校訓「大志を抱いて」4. 北海道大學一隅
5. 流傳約 100 年的傳統活動：北大與小樽商科大的「對面式」

北大校區的四季風貌全然不同，不論是哪個季節前來，都能看到令人難以忘懷的面貌，就算是披著靄靄白雪有點蕭瑟的冬季，依舊會覺得這裡好靜謐、好浪漫。校園內的「白楊並木道」是必看的風景之一，算一算這白楊木也有百年的歷史了。不過，2004 年北海道在強烈颱風的襲擊下，光是北大裡的樹木就倒了 1,900 多棵，而白楊木也難逃此場浩劫，51 棵白楊木中有 18 棵被連根拔起，損失非常慘重。北大因此發起了白楊木再生的活動，集結各方專業人員的知識及全國人民的力量，重建這象徵北大的「白楊並木道」。雖然復原之路漫長，但對北大來說卻是非常珍貴又值得紀念的一段歷程。

1. 北大的夏日風情　2. 夏日充滿綠意的銀杏並木道　3. 象徵北大的白楊並木道

銀杏步道（イチョウ並木）

　　每年秋分，約莫是 10 月下旬至 11 月上旬期間，是北海道大學銀杏步道正值轉黃的時期。從北海道大學的北 13 条口入口進來，迎面而來的就是銀杏步道，這一條約 380 公尺長的道路，兩旁種植了約 70 幾棵銀杏樹，每逢秋分時節，銀杏樹轉黃時，這條步道真的只能用「閃閃發亮」來形容，金黃閃耀的盛況真得會讓人捨不得閉上眼。

　　在銀杏綻放的季節，進來北海道大學的人潮變多了，不僅僅是揹著書包騎著單車的學子，更多的是為了賞銀杏而來的遊客。在銀杏步道的兩側多了駐足停留的人潮，有些人拿著相機捕捉這金黃隧道，有些則是素人畫家，他們坐在小板凳上揮灑著畫筆，將這幕金黃閃閃的畫面留存在畫紙上。

北海道大學在每年 10 月的最後一個週末會舉辦「金葉祭」，祭典僅有短短的兩天時間。在金葉祭開催日的晚間，銀杏步道上會設置約 60 台的投射燈打在銀杏樹上，讓整條銀杏步道就好似暗黑中的一條金河隧道，美得讓人流連忘返。金葉祭開催日程大致都落在 10 月份最後一週的週末，但每年會因為氣候因素亦或銀杏轉黃程度而調整開催日期，也可能因為雨天因素而臨時取消，請留意官網發佈的消息。

🔍 北海道大學 （北海道大学）

地址	北海道札幌市北區北 8 条西 5
電話	011-716-2111
營業時間	全年開放
公休日	無休

官網

年齡	全年齡適合
參觀時間	2 小時
嬰兒車	可推嬰兒車進入
門票	免費

 洗手間
 無障礙洗手間
 付費停車場
 餐廳／賣店
 自動販賣機
 嬰兒車友善環境

🚃 交通指南

從「JR 札幌駅」北口步行約 7 分鐘抵達

JR札幌車站商圏
JR札幌駅の周り

地圖

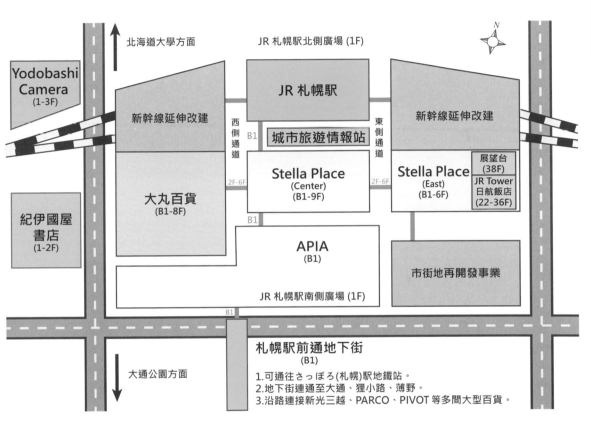

北海道大學方面

JR札幌駅北側廣場 (1F)

N

Yodobashi Camera (1-3F)

新幹線延伸改建

JR札幌駅

新幹線延伸改建

西側通道

東側通道

城市旅遊情報站

展望台 (38F)

Stella Place (Center) (B1-9F)

Stella Place (East) (B1-6F)

JR Tower 日航飯店 (22-36F)

2F-6F

2F-6F

大丸百貨 (B1-8F)

紀伊國屋書店 (1-2F)

B1

APIA (B1)

市街地再開發事業

JR札幌駅南側廣場 (1F)

B1

札幌駅前通地下街 (B1)

1.可通往さっぽろ(札幌)駅地鐵站。
2.地下街連通至大通、狸小路、薄野。
3.沿路連接新光三越、PARCO、PIVOT等多間大型百貨。

大通公園方面

1. JR札幌車站　2. JR札幌車站南口

JR 札幌車站是北海道最重要的交通樞紐之一，亦是進入札幌的玄關口，匯集了 JR 鐵路線、往來新千歲機場的鐵路，以及札幌市區地下鐵東豐線和南北線的交會點，車站內與多間百貨共構，可說是結合交通及商場的複合型設施。

原本在 JR 札幌車站裡面集結五間百貨：ESTA、APIA、PASEO、STELLAR PLACE、大丸百貨，從 2023 年 8 月開始有了重大轉變。百貨 ESTA 宣布 2023 年 8 月 31 日結束營業，與「ESTA」一樓連結的「札幌巴士總站」也於 2023 年 9 月 30 日熄燈。拋出這個震撼彈，

並不是經營不善，而是札幌市正著手進行「市街再開發事業」，將車站附近的北 5 條一丁目及二丁目一帶重建整合。預計重建後會是一棟集結飯店、商業店鋪及巴士總站等設施的複合式大樓，目前進度已於 2023 年秋季動工，預計 2029 年秋季以新面貌開業。

在此之前，PASEO 就因札幌車站重建工程於 2022 年 9 月 30 日歇業，如今再加上 ESTA 的結束營業，讓我們更期待整建後的札幌新面貌，肯定又會帶來一波觀光人潮。

1. JR 札幌車站南口外廣場　2. 人來人往的繁忙車站　3. JR 札幌車站內的綠色窗口　4. JR 札幌車站內有大型投幣置物櫃　5. 每年啤酒節，車站外的廣場上亦有露天啤酒節活動

集設計、時尚於一身的 STELLAR PLACE

集設計、時尚於一身的 STELLAR PLACE，就位於札幌車站正上方，分成 EAST 及 CENTER 兩區，其中 CENTER 與大丸百貨有通道相連結。STELLAR PLACE 是時下年輕人最喜歡逛的百貨，進駐了約 200 多個潮系品牌，集合了化妝品牌、服飾品牌、美食、日系雜貨、書局等店鋪。

喜歡 SNOOPY 的迷粉們，千萬別錯過於位於 CENTER 5F 的 Disney Store 及 SNOOPY TOWN，一定要來朝聖。

另外，STELLAR PLACE 與北海道最高建築物 JR TOWER 連結，此棟大樓的下方是辦公室及日航飯店，頂樓 38 樓設有景觀台，逛累了不妨登上高處欣賞札幌夜景。

STELLAR PLACE

🔍 STELLAR PLACE

地址	北海道札幌市中央區北 5 條西 2
電話	011-209-5100
營業時間	商店：10:00 ～ 21:00；餐廳：11:00 ～ 21:30
公休日	無休

官網

JR TOWER 展望室

營業時間	10:00 ～ 22:00（最終入場 21:30）
票價	成人 740 円、國中高中生 520 円、幼兒小學生（4 歲以上）320 円、3 歲以下免費

洗手間　無障礙洗手間　付費停車場　餐廳／賣店　自動販賣機　投幣式置物櫃　Free wifi　哺乳室　尿布台

年齡	全年齡適合
參觀時間	1 小時
嬰兒車	可推嬰兒車進入，也可租借嬰兒推車

嬰兒推車租借　嬰兒車友善環境　雨天 ok

宛如商店街的 APIA

APIA 位於札幌車站前方的地下街，一路從札幌車站延伸至薄野地區。APIA 聚集了許多餐廳及美食伴手禮，也有引進服飾、雜貨、在台日很受歡迎的日系品牌 niko and...、LOWRYS FARM，以及生活雜貨 3coins、Natual Kitchen。

在北海道，像 APIA 這類的地下購物街很受青睞，畢竟這裡冬季酷寒，能躲在室內地下購物街裡，免除風吹雪淋，能盡情享受血拼樂趣，也是一大享受。

1. APIA 商店街　2. 北海道半熟乳酪起司塔名店：KINOTOYA BAKE　3. 札幌駅前通地下街

APIA

地址	北海道札幌市中央區北 5 条西 3・4
電話	011-209-3500
營業時間	商店：10:00 ～ 21:00；餐廳：11:00 ～ 21:30
公休日	無休

官網

 洗手間　 無障礙洗手間　 付費停車場　 餐廳／賣店　 自動販賣機　 投幣式置物櫃　 Free wifi　 哺乳室　 尿布台

 嬰兒推車租借　 嬰兒車友善環境　 雨天 ok

年齡	全年齡適合
參觀時間	1 小時
嬰兒車	可推嬰兒車進入，也可租借嬰兒推車

大丸百貨

大丸百貨位於札幌車站西側，與 STELLAR PLACE CENTER 有通道相連結，是棟 8 層樓高的建築物。大丸百貨主要以精品品牌為主，例如 DIOR、GUCCI、HERMES 及專櫃彩妝保養品都能在這裡找到。除了單價高昂的精品系之外，輕熟女喜歡的 agnes b、kate Spade、Samantha thavasa 等流行品牌也聚集在此。

除此之外，大丸百貨為了滿足各年齡層的心，進駐了孩子們最喜歡的寶可夢。位於 8 樓的寶可夢中心，是遊日必去的朝聖商店之一，別忘了帶孩子來這裡尋寶，還能買到北海道限定的寶可夢商品喔！

大丸百貨

🔍 大丸百貨（DAIMARU）

地址	北海道札幌市中央區北 5 条西 4-7
電話	011-828-1111
營業時間	10:00 ～ 20:00（8 樓美食街 11:00 ～ 22:00）
公休日	無休

官網

 洗手間　 無障礙洗手間　 付費停車場　 餐廳／賣店　 自動販賣機　 投幣式置物櫃　 Free wifi　 哺乳室　 尿布台

 嬰兒推車租借　 嬰兒車友善環境　 雨天 ok

年齡	全年齡適合
參觀時間	1 小時
嬰兒車	可推嬰兒車進入，也可租借嬰兒推車

北海道廳舊本廳舍
赤れんが廳舎

地圖

（目前進行整修工程，閉館至 2025 年，詳細開館日請依官網公告為主。）

北海道廳舊本廳舍於 1888 年建造，是棟外觀帶點新巴洛克風格的紅磚建築，佇立在札幌市區非常的醒目。日文的紅磚稱為煉瓦（赤れんが），因此北海道廳舊本廳舍又有個別名，當地人稱為「赤れんが廳舍」。

為了因應北國的酷寒氣候，這座舊本廳舍蓋的比一般的房屋更為堅固，使用的煉瓦也挑選比一般煉瓦更高溫燒製而成的「燒烤煉瓦」。為了防寒，還打造雙層門，讓舊本廳舍像一座堅強的堡壘，坐鎮在札幌市中心。

過去這裡曾是北海道最高的行政機關：北海道廳，目前內部設有道立文書館、北海道歷史畫廊，開放供民眾免費參觀。另外還展示著北海道在開發時期的相關歷史文物、資料，若是對於北海道開拓發展史有興趣的朋友，走一趟北海道歷史畫廊肯定獲益良多。

1. 北海道廳舊本廳舍　2. 北海道廳的逼真模型展示　3. 北海道廳內的文物

🔍 北海道廳舊本廳舍（赤れんが廳舎）

地址	北海道札幌市中央區北 3 條西 6
電話	011-231-4111
營業時間	8:45 ～ 18:00
公休日	年始年末（12/29 ～ 1/3）

官網

年齡	適合 4 歲以上～成人
參觀時間	1 小時
嬰兒車	可推嬰兒車進入
門票	免費

洗手間

無障礙洗手間

餐廳／賣店

嬰兒車友善環境

別忘了蓋個到此一遊紀念章

🚃 交通指南

從「JR 札幌駅」南口步行 8 分鐘抵達

時計台

地圖

　　走在札幌市區，密密麻麻的鋼筋水泥大樓裡夾雜著一幢有紅色屋頂、白色牆身的美式木建築，這棟建築正是見證札幌發展史的「時計台」。

　　時計台原為札幌農學校的演武場，作為學生軍訓課、體育課及中央禮堂之用，興建之初並沒有設置時鐘，僅有一座以人工拉繩方式報時的鐘樓。後來考慮到人工操作報時精確度不佳，才改成設置現代化時鐘。

1. 白天的時計台　2. 夜晚的時計台　3. 時計台內的時鐘

　　時計台一樓目前展示著鐘樓的演進史及相關文物，二樓偌大的空間則是再現了演武場當時的風貌。目前二樓的場地可對外租借舉辦音樂會、演講或是婚禮。想想如果可以在具有歷史意義的時計台舉辦婚禮，應該會是件永生難忘的事！

演武場

時計台

地址	北海道札幌市中央區北 1 条西 2
電話	011-231-0838
營業時間	8:45 ～ 17:10（最後入館時間 17:00）
公休日	1/1 ～ 1/3

官網

 洗手間　 無障礙洗手間　 餐廳／賣店　 雨天 ok

年齡	適合 4 歲以上～成人
參觀時間	半小時
嬰兒車	內有階梯不適合推嬰兒車
門票	成人 200 円；高中生以下免費入場

開拓使時期裝飾於時計台建物上的五稜星，目前列為展示文物

🚃 交通指南

1. 從「JR 札幌駅」南口步行約 10 分鐘抵達
2. 地下鐵南北線／東西線／東豐線「大通」下車，從市役所方向出口步行約 5 分鐘抵達

大通公園

地圖

一提到札幌，大家第一個會聯想到的應該就是大通公園。大通公園建於 1869 年，最初的目的僅是規劃成城市的防火線，但如今這裡有廣闊的草皮、絢爛的花園及噴泉，已是札幌市民最喜歡的休閒場所，亦是各項重大慶典的活動場地。每年春天的紫丁香祭、夏季的 YOSAKOI 索朗祭與啤酒節、以及冬季最令人期待的白色燈樹節與雪祭，都是以大通公園為主要舞台。

大通公園的最東端正是札幌地標：札幌電視塔的所在位置。電視塔標高 147.2 公尺，這是眺望札幌市景最理想的高度。除了可以一眼望盡長達 1.5 公里的大通公園，也能將市區的幾個重要建築盡收眼底。札幌電視塔上的電子時鐘於每日的 24:10 ～ 5:00 是固定的熄燈時間，館方在此期間會關閉電子時鐘，以響應節能減碳的活動。

1. 春天百花盛開的大通公園　2. 孩子們喜歡守在噴水池前，等待水舞秀那一刻　3. 札幌慕尼黑聖誕節市集　4. 以紅色心型燈飾裝飾而成的愛之樹
5. 登上電視塔眺望札幌市景

來大通公園，可以坐在公園的長椅上，豪氣的啃著香甜的北海道玉米。孩子們也喜歡這片戶外綠地，可以追趕鴿子、吹泡泡、看著電視塔上的時鐘當起報時員。只能說札幌這片城市綠地，給人太多太多的幸福感，也難怪這裡不論是白天或夜晚，草皮上總是聚集著三三兩兩的人群在此談天說地，好不快樂！

孩子們最愛這塊戶外綠地

🔍 大通公園（札幌電視塔）

地址	北海道札幌市中央區大通西 1
電話	011-241-1131（展望台最終入場 21:50）
營業時間	9:00 ～ 22:00
公休日	每年 4 月中旬、11 月上旬及 1/1 為設備檢查日，全天關閉
	※ 詳細日程於官網公佈，行前請查詢

官網

洗手間　無障礙洗手間　餐廳／賣店　自動販賣機　嬰兒車友善環境

年齡	全年齡適合
參觀時間	2 小時
嬰兒車	可推嬰兒車進入

門票

	費用
成人（高中生以上）	￥1,000
國中、小學生	￥500
幼兒（3～5 歲）	免費

🚋 交通指南

1. 地下鐵東西線／南北線於「大通站」下車步行約 5 分鐘（請從 27 號出口）
2. 地下鐵東豐線於大通站下車步行約 1 分鐘（請從 27 號出口）

狸小路商店街

地圖

①

狸小路商店街是北海道最古老的一條商店街，大約從明治時期就存在。當時這裡僅有少數幾間店舖，但由於狸小路緊鄰札幌主要幹道及運河，再加上周邊的薄野地區也快速發展，夾帶著這些地理優勢，其商業活動也日益蓬勃。到目前為止，狸小路商店街已有 200 多間店舖進駐，目前與周邊的「薄野」及「札幌站前地下街」構築成了一個大通公園南側的龐大商圈系統。

狸小路商店街依地址區分成狸小路 1 至狸小路 7，每個區段都有加蓋拱形天棚，因此不論晴天或雨天，都可以盡情的在此大肆採購。狸小路的拱型天棚可不是一般的屋頂，這座天棚歷經好幾次的整修，直到 2002 年的一次大整修時，設置了光纖網路與無線網路系統，遊客來到這兒即可享用免費的 WiFi，實在是個便民的好服務。

②

③

1. 熱鬧的狸小路商店街　2. 24 小時不打烊的激安殿堂「唐吉軻德」　3. 請認明大國藥妝最便宜

為何這條商店街會稱為「狸小路」？由來眾說紛紜，一說是因為早期在這裡發現有狸貓出沒；另一說則是以前在狸小路這一帶，每到夜晚就會有流鶯出來招攬客人，其行徑遮遮掩掩、畏畏縮縮，這樣的動作也讓人聯想到了狸貓。這兩者的說法均是擷取自古書上的記載，至於正確與否也就不得而知了。

1. NORBESA 大樓屋頂摩天輪 nORIA　2. 狸小路旁的薄野街景

🔍 狸小路商店街

地址	札幌市中央區南 2.3 条西 1～7 丁目
營業時間	依每家商店而定
公休日	無休

官網

 洗手間　 餐廳／賣店　 自動販賣機　 Free wifi　 嬰兒車友善環境

年齡	全年齡適合
參觀時間	2 小時
嬰兒車	可推嬰兒車進入

🚋 交通指南

從地下鐵南北線「薄野」下車，步行 3 分鐘即抵達

✖ 本日餐廳推薦

午餐 根室花丸迴轉壽司（Stella Place 6 樓）

🏠 札幌市中央區北 5 条西 2（Stella Place 6 樓）

📞 011-209-5330

🕐 11:00 ～ 23:00（最後點餐 22:15）

🈺 無休

💰 130 円起～

👍 各類生魚片壽司、鮭魚炙燒握壽司、花咲蟹鐵砲汁

🚃 從「JR 札幌駅」出站後步行至 Stella Place 6 樓

官網　　　　地圖

晚餐 Soup Curry & Dining Suage+

🏠 北海道札幌市中央區南 4 条西 5 丁目（都志松大樓 2F）

📞 011-233-2911

🕐 平日 11:30 ～ 21:30（L.O21:00）
週六 11:00 ～ 22:00（L.O21:30）
週日及國定假日 11:00 ～ 21:30（最後點餐時間 21:00）

🈺 不定時公休，請依官網公告為主

💰 980 円起～

💳 該店無法使用信用卡，付款方式能用現金、LINE PAY、PAY PAY

👍 炸雞腿野菜湯咖哩、牡蠣湯咖哩、唐揚雞湯咖哩

🚃 從地下鐵南北線「薄野」步行 3 分鐘可抵達

1. Soup Curry & Dining Suage+ 湯咖哩
2. 牡蠣湯咖哩 3. 雞肉湯咖哩

官網　　　　地圖

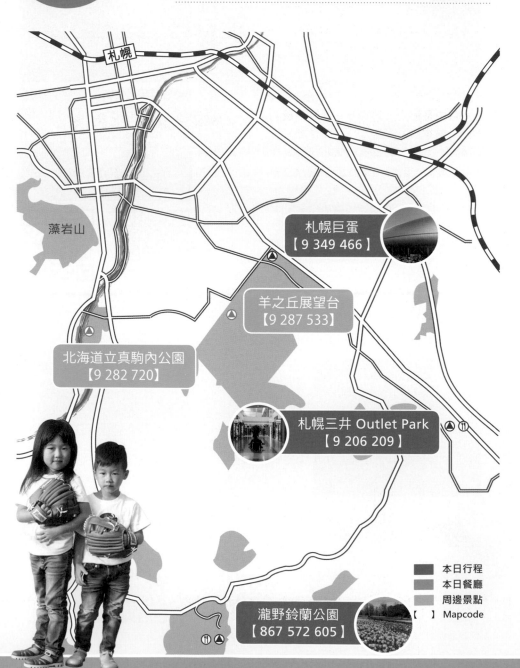

札幌一日小旅4

札幌周邊

○ 景 瀧野鈴蘭丘陵公園　景 札幌巨蛋
購 北廣島三井 OUTLET PARK

✕ 午 田園小屋（瀧野鈴蘭公園內）　晚 三井 Outlet 美食街

札幌

藻岩山

札幌巨蛋
【9 349 466】

羊之丘展望台
【9 287 533】

北海道立真駒內公園
【9 282 720】

札幌三井 Outlet Park
【9 206 209】

瀧野鈴蘭公園
【867 572 605】

本日行程
本日餐廳
周邊景點
【 】 Mapcode

瀧野鈴蘭丘陵公園
滝野すずらん丘陵公園

地圖

「瀧野鈴蘭丘陵公園」位於札幌市郊，是北海道唯一一座國營公園。佔地約 400 公頃，在偌大的綠地裡有寬廣的草原、露營地、烤肉區、親子戶外遊具、室內遊樂區等，是個非常適合親子同遊的戶外園地。

5 月份的公園裡，有滿開的蝦夷山櫻，5 月下旬至 6 月中是鬱金香鈴蘭節，此時公園內會湧入大批前來賞花的遊客。到了 7 月，丁香花、繡球花開始陸續綻放，這也意謂著盛夏的到來。此時是瀧野鈴蘭丘陵公園最熱鬧的時候，孩子們在遊戲區裡盡情的玩耍、開朗的笑聲劃破天際，為公園增添不少蓬勃氣息。到了秋天，這裡的美也一點都不遜色，熊熊烈火般的楓葉佈滿整座山頭，讓公園瞬時披上不同顏色的衣裳。冬天，瀧野鈴蘭丘

陵公園彷彿化身為冬季運動場，遊客可以在此玩越野滑雪、輪胎雪橇，還能參加導覽團穿著雪鞋漫步山林，由專業人士帶領在雪上漫步。這項導覽活動大人小孩都可以參加，重點是雪鞋免費出借。

1. 夏日的瀧野鈴蘭丘陵公園　2. 5 月下旬正值鬱金香、鈴蘭盛開的季節

　一般第一次來到瀧野鈴蘭丘陵公園的人都會一頭霧水，到底該從哪個大門進入？該帶孩子去哪裡玩？瀧野鈴蘭丘陵公園分成中心區、溪流區、瀧野之森東區及瀧野之森西區四大區塊，建議第一次來的人可以從公園的東口進入，並將遊玩的重點放在中心區。

瀧野鈴蘭丘陵公園
園內地圖

瀧野鈴蘭丘陵公園 中心區地圖

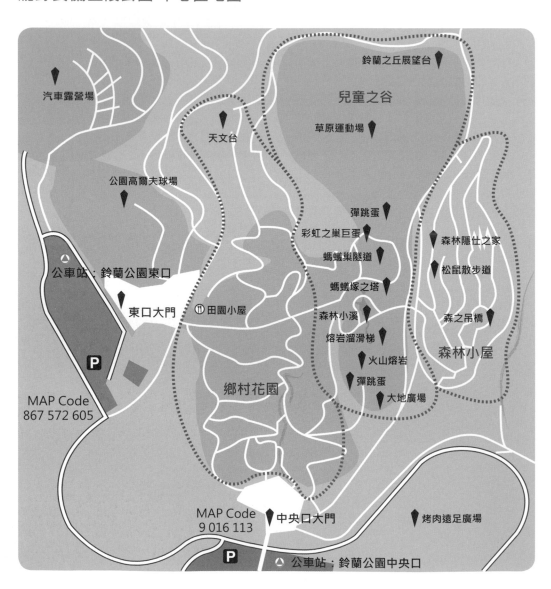

從東口進入後沿著健行步道，途中會經過色彩繽紛的「鄉村花園」（カントリガーデン）。再繼續往前走，會來到最受孩子們歡迎的戶外遊具區「兒童之谷」（こどもの谷）。在兒童之谷，會看到「螞蟻塚之塔」（あり塚の塔），高高的蟻塚裡住著光與水，還有風之精靈，蟻塚之塔的地底下隱藏著「螞蟻巢隧道」（ありの巣トンネル），孩子們在隧道裡就好像走迷宮般，不停的迷失方向，如果是一群孩子們一起來探險，那樂趣肯定會更多。戶外區還有「彈跳蛋」（フワフワエッグ）、「火山熔岩」（マウントコニーデ）、「熔岩溜滑梯」（溶岩すべり台）、「森林小溪」（森のせせらぎ）等，光是這一區塊就足以讓孩子們耗盡體力。

1. 森林小溪戲水區　2. 驚險刺激的熔岩溜滑梯，別忘了戴上安全帽喔！　3. 火山熔岩彈跳床頗受大人小孩的青睞　4. 兒童之谷　5. 超受歡迎的彈跳蛋　6 草原運動場

在兒童之谷裡還隱藏著一座室內遊樂區「彩虹之巢巨蛋」（虹の巣ドーム）。這座室內遊樂園用彩虹般的繩索構築成一片片巢狀蜘蛛網，孩子在裡頭爬上爬下尋找出路，玩得不亦樂乎。在虹巢巨蛋外還有片超級廣闊的大草原，可以拿著大紅球滾到小山丘上，感受那登高望遠的暢快感，接著還能和孩子們進行一場滾球大賽，非常有趣。

1. 彩虹之巢巨蛋　2. 孩子們同心協力一起把球推到山丘上

🔍 瀧野鈴蘭丘陵公園（滝野すずらん丘陵公園）

地址　　　北海道札幌市南區瀧野 247
電話　　　011-592-3333
營業時間　春：4/20 ～ 5/31：9:00 ～ 17:00　　夏：6/1 ～ 8/31：9:00 ～ 18:00
　　　　　秋：9/1 ～ 11/10：9:00 ～ 17:00　　冬：12/23 ～ 3/31：9:00 ～ 16:00

官網

> 瀧野鈴蘭丘陵公園在秋冬交接之際會有短暫休園（11/11 ～ 12/22），
> 這是為了冬季開園而做準備，每年 12/23 為冬季開園的日子

公休日　　11/11 ～ 12/22

年齡　　　全年齡適合
參觀時間　半天至一整天
嬰兒車　　園區內可推嬰兒車進入

洗手間	無障礙洗手間	付費停車場 Pay	餐廳／賣店	自動販賣機
腳踏車租借	哺乳室	尿布台	嬰兒推車租借	嬰兒車友善環境

門票

	費用
大人（15 歲以上）	￥450
15 歲以下	免費入園

※ 冬季（12/23 ～ 3/31）入園免費

備註　　　停車費（普通車）420 円

🚃 交通指南

1. 從地下鐵「真駒內」搭乘中央巴士瀧野線「真 106」往「すずらん公園東口」方向，於「すずらん公園東口站」下車（票價：成人 450 円、小孩 230 円）。

2. 從地下鐵「福住站」搭乘中央巴士有明線「福 87」往「すずらん公園東口」方向，於「すずらん公園東口站」下車（票價：成人 630 円、小孩 320 円）。

札幌巨蛋
札幌ドーム

地圖

　2001 年開始啟用的「札幌巨蛋」，是日本五大巨蛋之一（其他四座分別為福岡巨蛋、東京巨蛋、名古屋巨蛋、大阪巨蛋），亦是北海道唯一一座棒球場與足球場兩用的室內體育場，球場內約可容納 4 萬多人。札幌巨蛋的棒球主場隊是日本火腿鬥士隊，足球主場隊則是札幌岡薩多隊，如果您是棒球迷或足球迷，絕對不能錯過來這裡朝聖的機會。

1. 札幌巨蛋　2. 小小棒球迷
3. 戶外的天然草地平台

　位於酷寒北國的札幌巨蛋，建築結構上有些與眾不同的特色，像巨大的屋頂是不能打開的，而又為了因應北國冬季長時間處於冰天雪地裡，不讓積雪壓垮屋頂而將之設計成橢圓形。體育場由於是棒球與足球共用的場地，因此在室內的草皮上也隱藏一些學問。

　棒球比賽時使用的是人造草皮，一旦到了足球比賽時，則須更換成天然草地。札幌巨蛋採用世界首創的科技，將天然草皮種植在巨蛋旁的戶外平台上，等到足球比賽時便將場內的人工草皮收起，然後再把戶外整片天然草皮平台直接推入球場內。

每年的 3 ～ 10 月是日本的職棒賽季，若是有前來札幌巨蛋，真心建議買張票坐在觀眾席上近距離的觀看球賽，感受現場熱烈的氣氛，此時就算不是真正的棒球迷，也會不由自主的大聲嘶吼為球員們加油。主場的日本火腿鬥士隊，因為有台灣球員陽岱鋼的加持，所以更有親切感，而札幌巨蛋的座位席還特別增設一處「陽岱鋼應援專區」，讓球迷們團聚在一起為他加油（陽岱鋼於 2017 年球季已轉至日本職棒讀賣巨人隊）。

大家可能會好奇帶孩子適合前來觀看球賽嗎？這是個很棒的機會教育及體驗，或許孩子們年紀還小看不懂規則，但他們很容易被外在的氣氛所感染，好比說在球場上的每個人都很熱情的為球隊加油、高唱歌曲，小孩也會模仿起這樣的動作，開始搖旗吶喊，完全和大人一起融入在比賽之中。如果孩子真的不喜歡也沒關係，札幌巨蛋 3 樓設有一處兒童遊樂場（Kidspark），這是由大型複合遊具（適合 3 歲至小學 4 年級）及 babycorner（適合 2 歲以下）組合而成的遊戲空間，比賽中或是比賽前後都可以帶孩子來這裡玩耍。

在賽季之外的日子，札幌巨蛋依然有對外營業，這時可以選擇參加巨蛋導覽團，由專業人員帶領著遊客走入球場，參觀選手板凳區、選手上場前在牛棚的練習環境、還有選手更衣室等。甚至還可踏入比賽球場上，親身體驗站在本壘板上的臨場感，感覺好過癮啊！這些平常可都是不能踏入的禁區，僅限定在非比賽日才有機會參觀。除此之外，還有展望台的行程，搭乘全長約 60 公尺的手扶梯，直達約有 18 層樓高的展望台，從巨蛋屋頂處眺望整座球場，以及巨蛋外的札幌市景。

1. 熱鬧的應援場面　2. 札幌巨蛋設有殘障座位席　3. 位於札幌巨蛋 3 樓的兒童遊樂場

🔍 札幌巨蛋 （札幌ドーム）

地址	北海道札幌市豊平區羊ケ丘 1
電話	011-850-1000
營業時間	巨蛋導覽 10:00 ～ 16:00（無賽事才有導覽）
	展望台 10:00 ～ 17:00

官網

年齡	1.5 歲以上～成人
參觀時間	2 小時（有觀賞球賽除外）
嬰兒車	巨蛋內可推嬰兒車進入，但球賽觀眾席無法推嬰兒車進入，請停妥於嬰兒車放置處
門票	巨蛋導覽

巨蛋導覽

	費用
成人（高中生以上）	￥1,050
小孩（4 歲以上及中小學生）	￥550

展望台

	費用
成人（高中生以上）	￥520
小孩（中小學生）	￥320
4 歲以下	免費

巨蛋導覽＋展望台聯票

	費用
成人（高中生以上）	￥1,250
小孩（中小學生）	￥700

洗手間　無障礙洗手間　付費停車場

餐廳／賣店　自動販賣機　投幣式置物櫃

哺乳室　尿布台　嬰兒車友善環境

雨天 ok

🚃 交通指南

搭乘地下鐵東豐線至「福住」下車，從 3 號出口步行約 10 分鐘可抵達

三井OUTLET PARK札幌北廣島

三井アウトレットパーク札幌北広島

地圖

三井 OUTLET PARK 在 1995 年開業以後，隨即成為日本 OUTLET 的代名詞，結合休閒、購物、美食，顧客能夠在此盡情的享受血拚的樂趣。現在在日本全國總共有 13 座三井 OUTLET PARK，足跡也開始觸及海外國家。在 2016 年初台灣的林口三井 OUTLET PARK 盛大開幕，讓身在海外的我們也能就近享受到日系血統的 OUTLET 服務。

三井 OUTLET PARK 札幌北廣島為了方便旅客來此購物，在新千歲機場及札幌車站都設有快速的接駁巴士，可以免於舟車勞頓，只要搭乘接駁巴士就能直接抵達。三井 OUTLET PARK 札幌北廣島分成兩棟建築 CLOVER MALL 和 MAPLE MALL，集結世界各地眾多品牌。而這座 OUTLET 有什麼好買的呢？這麼多品牌，大家肯定看得眼花撩亂，不知該如何下手。建議大家在行前就先上官網瀏覽這座 OUTLET PARK 的平面圖，檢視是否有自己心儀的品牌，如此一來，抵達 OUTLET 後就可以把握時間，把口袋名單的店舖快速的逛過一遍。

身為煮婦界的媽媽，遇到任何能讓餐桌看起來更美麗的餐具肯定都會多看一眼。這裡有煮婦界的鑄鐵鍋天后 Le Creuset、鑄鐵鍋天王 Stuab、琺瑯界權威 Dansk，及德國雙人牌、日本 Afternoon tea、Francfranc 等，光是這幾間店就足夠讓人掏空荷包了。

1. 北廣島三井 OUTLET PARK　2. 頂樓戶外停車場　3. 館內設有兒童遊戲區

精品部分像是 COACH、Salvatore Ferragamo、BALLY、MARC JACOBS、FURLA、JIMMY CHOO、TIMI。童裝品牌：Tommy Hilfiger、GAP、Beams 等。男女裝品牌：United Arrows、Urban Research、earth music&ecology、Gelato pique、Snidel、Banana Republic、POLO RALPH LAUREN 等。還有間樂高 LEGO 專賣店，可以順便幫孩子們挑選玩具。三井 OUTLET PARK 札幌北廣島的品牌多達上百種，若是要全部走完一圈，可能得在這裡耗上一整天的時間。

1. 美食街裡附設幼童座位專區，一旁還有幼童遊戲區　2. 麵包超人的扭蛋機

🔍 三井 OUTLET PARK 札幌北廣島
（三井アウトレットパーク札幌北広島）

地址	北海道北廣島市大曲幸町 3-7-6
電話	011-377-3200
營業時間	商店：10:00～20:00
	餐廳：11:00～21:00（最後點餐時間因餐廳而異）
	美食廣場：10:30～21:00（最後點餐時間 20:30）
公休日	不定時休館

官網

    自動販賣機 投幣式置物櫃 哺乳室 尿布台

洗手間　無障礙洗手間　免費停車場　餐廳／賣店　自動販賣機　投幣式置物櫃　Free wifi　哺乳室　尿布台

年齡	全年齡適合
參觀時間	3 小時
嬰兒車	可推嬰兒車進入，也可租借嬰兒推車
	（投幣 100 円，歸還時退還）
門票	免費
備註	有大型置物櫃 (長 111X 寬 50X 深 65cm)

嬰兒推車租借　嬰兒車友善環境　雨天 ok

🚌 交通指南

1. 從新千歲機場搭乘機場接駁巴士約 30 分鐘（票價 1,100 円）
2. 從札幌站（東急百貨南側出口 1 號月台）搭乘直達巴士約 50 分鐘（票價：成人 320 円、兒童 160 円）

本日餐廳推薦

午餐 田園小屋（瀧野鈴蘭公園內）

- 址 北海道札幌市南區瀧野 247
- 電 011-592-3333
- 時 4/20 ～ 5/31 9:00 ～ 16:30
  6/1 ～ 8/31 9:00 ～ 17:30
  9/1 ～ 11/10 9:00 ～ 16:30
- 休 11/11 ～ 4/19
- 費 530 円～
- 推 蔬菜咖哩、漢堡肉套餐

1. 田園小屋餐廳　2. 豬排咖哩飯　3. 小披薩
4. 蔬菜咖哩飯　5. 飛機兒童餐

官網

晚餐 三井 Outlet 美食街

1. 豚丼のぶたはけ　2. 咖哩蔬菜飯

- 址 北海道北廣島市大曲幸町 3-7-6（COVER MALL 2F）
- 電 011-377-3200
- 時 餐廳：11:00 ～ 21:00（最後點餐時間因餐廳而異）
  美食廣場：10:30 ～ 21:00（最後點餐時間 20:30）
- 推 豚丼のぶたはけ、弟子屈拉麵

小樽
一日小旅

小樽周邊

📍 ㊫ 小樽市綜合博物館—運河館　㊫ 小樽運河　㊐ 堺町通商店街
㊫ 天狗山夜景

🍴 ㊋ 小樽三角市場　㊓ 展望レストランてんぐ

本日行程
本日餐廳
周邊景點
【　】Mapcode

小樽潮祭主會場
【493 690 682】

小樽市博物館運河館
【493 690 704】

小樽運河
【493 690 414】

舊手宮線鐵路
【493 690 518】

小樽運河食堂
【493 690 416】

堺町通商店街
【493 691 090】

小樽天狗山纜車場
【164 657 042】

小樽駅

函館本線

小樽市綜合博物館—運河館
小樽市総合博物館運河館

地圖

❶

「小樽市綜合博物館—運河館」是由一座古老的倉庫改建而成的,目前建物的北側是博物館,南側則規劃為觀光物產中心。這座古老的建築物建於1890年,是採「木骨煉瓦造」工法建成(木骨煉瓦造:主要的樑柱結構採用木材,但外牆是由磚塊堆砌而成),被指定為「小樽歷史建築」。

❷

❸

1.小樽市綜合博物館—運河館　2.小樽著名的消防犬:文公　3.博物館內的咖啡廳

1. 2. 博物館展示的歷史文物

　　小樽市綜合博物館—運河館透過歷史圖資及文物展示，描繪出早期小樽在捕魚事業上的亮眼成績，當然對於小樽的自然風光及歷史發展也有詳盡的介紹。老實說，以現今的小樽市景，很難聯想在明治末年時是個經濟繁榮的大都市，甚至創造了許多成功的商人。實際走訪一趟博物館，或許能感受到它昔日風光的一面。

🔍 小樽市綜合博物館（運河館）

地址	北海道小樽市色內 2-1-20
電話	0134-22-1258
營業時間	9:30 ～ 17:00
公休日	12/29 ～ 1/3

官網

 洗手間　 無障礙洗手間　 付費停車場　 餐廳／賣店　 自動販賣機　 嬰兒車友善環境　 雨天 ok

年齡	適合 4 歲以上～成人
參觀時間	1 小時
嬰兒車	可推嬰兒車進入

門票

	費用
成人	￥300
高中生	￥150
國中生以下	免費

🚃 交通指南

從「JR 小樽駅」步行約 10 分鐘可抵達

小樽運河

地圖

1. 夜晚的小樽運河 2. 遊船導覽 3. 搭人力車遊小樽

小樽運河是小樽市最具特色的觀光地標，沿著運河兩旁蔓延約 1 公里長的「紅磚倉庫群」，證明了小樽曾是北海道昔日經濟、貿易的重鎮。倉庫群過去扮演著倉庫及銀行的角色，而如今褪去舊日繁華被改建為餐廳及商店，讓小樽搖身一變成為觀光客最愛的港口城市。

小樽運河是一條填海而成的人工運河，工人們沿著海岸線進行填埋的動作，歷時 9 年才造就這條與眾不同的運河。運河以淺草橋為起點，沿著河岸規劃了人行步道，漫步在這條小徑上可以看見許多記錄著小樽歷史的浮雕、紀念碑，偶爾也會看見幾組街頭藝人表演。

遊客可以從南運河一路步行至北運河，途中會經過中央橋、龍宮橋及北濱橋；當然也可選擇以搭乘遊船的方式，讓專業的導遊為你導覽這座充滿懷舊風情的小鎮。附帶一提，走在這條充滿古意的運河步道時，可別忘了抬頭看看豎立於步道上那看似平凡無奇的路燈，這可是小樽運河最具代表性的「煤油路燈」。隨著天色漸暗，煤油路燈將緩緩亮起，將小樽原已浪漫的夜晚，點綴得更加如癡如醉。

🔍 小樽運河

地址	北海道小樽市港町 4	電話	0134-33-2510（小樽觀光協會）
營業時間	全年開放	公休日	無休

官網

年齡	全年齡適合	參觀時間	1 小時
嬰兒車	可推嬰兒車進入	門票	免費

嬰兒車友善環境

🚋 交通指南

從「JR 小樽駅」步行約 10 分鐘可抵達

地圖

堺町通商店街

堺町通り商店街

來到小樽怎麼能錯過「堺町通商店街」呢？這裡可是小樽最熱鬧的商店街，街道兩旁集結了許多人氣店舖，只要想得到的北海道甜點店，這裡通通都有。而小樽又以哨子（哨子是玻璃的意思）聞名，其中名氣最響亮、規模最龐大的莫過於「北一哨子」，光在小樽就有 18 間店舖。

既然踏上堺町通，就得了解這裡的相關歷史。眼前的堺町通如今是繁華的商店街，這些被改建成店舖的建築物，大部分都是從大正時期保留至今的歷史古蹟，而這些建築物大多都被指定為「小樽歷史建築」，並在建築物旁豎立了相關的紫色告示牌，下次走在堺町通時不妨多留意身邊這些充滿古意的歷史房舍。

漫步在堺町通上，絕對不能錯過六花亭、北菓樓、LeTAO 洋菓子這幾間人氣甜點店，這幾間店會不定時推出小樽限定商品，只有在小樽才買得到、吃得到。街上還有間「利尻屋不老館」（Minoya），這間昆布專賣店打著「食用後七日請照照鏡子」的口號，成功的吸引了遊客的目光，可見大家的內心深處是多麼想要擁有青春不老的秘訣啊！來到店裡，親切的招呼聲讓遊客們感到溫暖，店員不斷的拿出試吃品，還祭出昆布湯請客人們飲用，完全就是想把客人套牢在店裡。它們家的柚子昆布，帶點柚子香甜的昆布真的好涮嘴，大人小孩都喜愛。大家來到堺町通時，可別錯過這間能大器試吃的「利尻屋不老館」。

1. 小樽北一哨子館　2. 小樽大正哨子館　3. 堺町通商店街景象

1. 小樽音樂堂本館店內景象　2. 小樽音樂堂本館

童話十字路口（メルヘン交差点）

　　堺町通上有許多幢「小樽歷史建築」，其中位於童話十字路口的「小樽音樂堂本館」就是其中一座。這棟紅磚綠瓦的建築是由明治時期的米穀商店改建而成，帶點洋式風格的外觀佇立在小樽街頭格外引人注目。在「小樽音樂堂本館」門口佇立一座蒸氣鐘，這是由加拿大著名的鐘錶工匠師傅以青銅打造而成。這座世界上唯二的蒸氣鐘高 5.5 公尺、重 1.5 公噸，到整點時便會冒出陣陣蒸氣並發出嘟嘟聲響報時。而每 15 分鐘也會演奏 5 個音階的音樂，此時圍繞在童話十字路口上的遊客只要聽見樂聲響起，大夥兒就會不約而同的緊盯著蒸氣鐘，好似此刻的世界被瞬間凍結，等到音樂鐘聲一停，才又恢復了轉動。

🔍 堺町通商店街（堺町通り商店街）

地址	北海道小樽市堺町 6-11
電話	0134-27-1133（小樽觀光案內所）
營業時間	依每間店家而定
公休日	依每間店家而定

官網

年齡	全年齡適合
參觀時間	2 小時
嬰兒車	可推嬰兒車進入
門票	免費

 洗手間　 付費停車場　 餐廳／賣店　 自動販賣機　 嬰兒車友善環境

🚃 交通指南

從「JR 小樽駅」步行約 10 分鐘可抵達

小樽天狗山夜景
OTARU TENGUYAMA

地圖

1. 天狗山夜景　2. 天狗神像　3. 日本各地天狗神像

　　小樽天狗山展望台，與「函館夜景」、「札幌藻岩山夜景」並稱為北海道三大夜景。

　　標高 532 公尺的天狗山，是小樽的制高點，從山頂展望台能俯瞰整座小樽市景色，不遠處的小樽灣、石狩灣亦近在咫尺。夜晚萬家燈火全亮時，小樽的夜景宛若是個閃閃發亮的寶石盒，璀璨至極。

　　天狗山展望台後方有一尊天狗雕像，據說撫摸牠的長鼻子能趨吉避兇、心想事成，諸如此類的傳說在日本各地都曾聽聞，姑且不論它的可信與否，只要是能保佑心想事成的，我都很願意一試。展望台室內設有小樽滑雪資料館、天狗館及天狗山迴廊（天狗山 Gallery），全都可以免費參觀。透過櫥窗內的展示及寫真，讓遊客更加了解天狗山的四季變化；走入到天狗館時，千萬別被牆上琳瑯滿目的天狗頭像嚇到，這裡蒐集了日本各地區的天狗頭像，雖然天狗的特徵是紅臉長鼻、表情猙獰，但每個地區的天狗形象還是有些許差別的。有些孩子看到這麼多的天狗可能會心生畏懼，不妨在參觀的過程中和他們說說關於天狗的故事，或許能減緩他們害怕的情緒喔！

　　要來天狗山看夜景，建議提早在下午時段抵達，夏季時山頂周邊有許多遊樂設施，像是全長400公尺的天狗山溜滑道（5月下旬至10月）、花栗鼠公園（6月上旬至9月）、森林遊步道，都是能盡情享受天倫之樂的地方。

1. 天空一抹彩虹掠過　2. 天狗繪馬　3. 天狗山纜車

🔍 小樽天狗山夜景

官網

地址	小樽市最上 2-16-15
電話	0134-33-7381
營業時間	4/15 ～ 11/5　9:00 ～ 21:00（最末班下山纜車 21:00）
公休日	設備點檢日公休，但每年時間不定，請上官網查詢

 洗手間　 無障礙洗手間　 免費停車場 Free　 餐廳／賣店　 自動販賣機　 投幣式置物櫃　 嬰兒車友善環境

年齡	全年齡適合
參觀時間	1 ～ 2 小時
嬰兒車	可推嬰兒車進入
門票	纜車往返成人 1,600 円、兒童 800 円

🚃 交通指南

從 JR 小樽站搭乘北海道中央巴士「天狗山纜車線 9 號」，約 17 分鐘即抵達纜車站

🍴 本日餐廳推薦

`午餐` 小樽三角市場（六間食堂可選擇）

1. 小樽三角食堂　2. 滝波商店 北のどんぶり屋　3. 新鮮海鮮可現點現煮

🏠 北海道小樽市稻穗 3-10-16
☎ 0134-23-2446
🕐 7:00 ～ 17:00
🚫 每週一
👍 味処たけだ 、滝波商店 北のどんぶり屋
🚶 從「JR 小樽駅」步行約 5 分鐘抵達

官網　　　　地圖

`晚餐` 展望レストランてんぐ

🏠 天狗山展望台上
☎ 0134-32-8796
🕐 11:00 ～ 20:45（L.O 20:15）
※ 營業期間：4/15 ～ 11/5
💰 900 円起
👍 拉麵、咖哩飯

官網　　　　地圖

小樽特輯

舊手宮線遺跡
旧手宮線遺跡

地圖

舊手宮線是北海道最初的國營鐵道，是連結小樽市的「手宮駅」與「南小樽駅」之間的鐵路，當時主要的任務是載運物資，在北海道的開拓使時代扮演著重要的角色，直到昭和 60 年時才廢除。廢線後，保留了「南小樽駅」至「小樽市博物館」之間長達 2,600 公尺的鐵道，目前政府將這一段鐵道規劃成市民的遊步道，亦是小樽市舉辦各項活動的主要會場。

像是每年定期舉辦的「小樽哨子市集」（小樽がらす市），此時全國的哨子工房（哨子即是玻璃）都會來到舊鐵道兩旁設攤，販售自家特有的設計商品。這幾天，鐵道上也會應景的懸掛上許多哨子風鈴，伴隨著微風陣陣，那清脆無比的聲響彷彿是夏天才有的天籟。

小樽潮祭期間，舊手宮線鐵道上會有軌道腳踏車（トロッコ），這可不是天天都有的活動，要在特別的日子裡才會營運。遊客們可以自掏腰包體驗在鐵道上踩腳踏車，這肯定是一個很適合親子同樂的活動。

🔍 **舊手宮線遺跡**（旧手宮線遺跡）

營業時間	全年開放	公休日	無休	門票	免費

🚃 **交通指南**

從「JR 小樽駅」步行約 7 分鐘可抵達

1. 小樽市舊手宮線遺跡　2. 每年 7 月舉辦的小樽哨子市集　3. 日本職人現場表演製作玻璃　4. 舊手宮線難得一見的軌道腳踏車　5. 孩子盡情的奔馳在鐵道上

地圖

小樽潮祭
おたる潮まつり

　每年的 7 月底，小樽市都會舉行夏日最大的盛會「小樽潮祭」，持續 3 天的祭典活動讓全城沸騰，原本寧靜浪漫的小樽市，頓時湧入了大批前來參加祭典的人潮，好不熱鬧。

　小樽潮祭，是小樽市民為了要感謝大海，並祈求小樽的歷史與文化能夠永續傳承所辦的祭典。每年 7 月底由小樽市民組成的隊伍會在小樽市區內遊行，配合傳統歌曲載歌載舞的前進、加上太鼓演奏表演、以及神轎在市區內巡行等活動，將小樽市的氣氛炒熱到最高點。

　祭典的第一天及最後一天晚上會在港口舉辦「小樽潮祭道新納涼煙火大會」。煙火大會在晚間 8 點開始施放，此時運河邊、港邊擠滿了人潮，視野最棒的莫過於港邊那些沒有建築物遮蔽的濱海道路。這一天，小樽的夜空璀璨奪目，絢爛的花火搭配著傳統的音樂，絕對是一個浪漫又難忘的仲夏夜晚。

1. 小樽潮祭神轎遊行
2. 小樽潮祭　3. 小樽潮祭道新納涼煙火大會

🔍 小樽潮祭（おたる潮まつり）

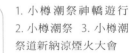

活動場地	小樽港第 3 號碼頭等處與市中心
活動時間	每年 7 月最後一個週五～日 （請依官網公告）
活動內容	第一天：潮 FUREKOMI（開幕遊行） 第二天：潮 NERIKOMI（主要遊行） 第三天：神轎遊行 ※ 第一天及第三天晚間會施放煙火（20:00 開始） ※ 若天候不佳將取消
門票	免費

官網

🚃 交通指南

從「JR 小樽駅」步行約 10 分鐘可抵達

定山溪
一日小旅

定山溪周邊

📍 景 定山溪豐平川划船　景 豐平峽水庫　景 定山溪農場

🍴 午 可樂拉麵 (Karaku)　晚 Picante 湯咖哩

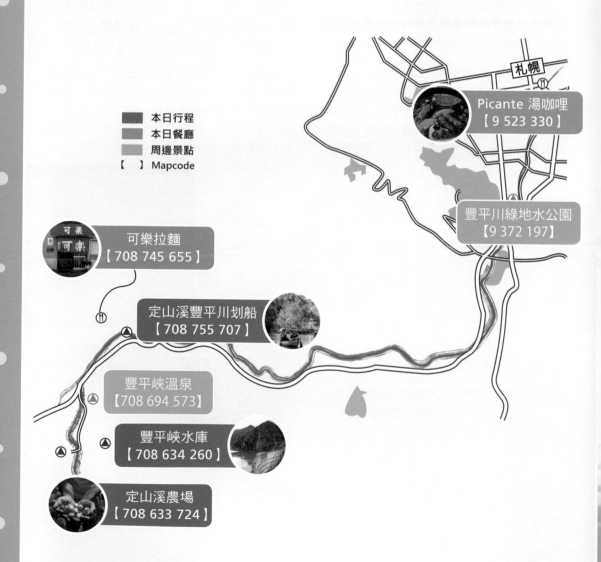

本日行程
本日餐廳
周邊景點
【 】 Mapcode

札幌

Picante 湯咖哩
【 9 523 330 】

豐平川綠地水公園
【 9 372 197 】

可樂拉麵
【 708 745 655 】

定山溪豐平川划船
【 708 755 707 】

豐平峽溫泉
【 708 694 573 】

豐平峽水庫
【 708 634 260 】

定山溪農場
【 708 633 724 】

定山溪豐平川划船

定山渓豊平川カヌー

地圖

　位在定山溪溫泉的豐平川上游，是一處可以划著獨木舟倘佯在豐平峽，感受置身幽涼峽谷隨波逐流的自在感。

　豐平川划船活動僅在天氣暖和的夏季開催（6月下旬至11月上旬），欲參加此項活動，需事先網路或電話預約，活動當天再依約到指定的集合地點集合。活動進行前，工作人員會請遊客穿上救身衣，並換上防水包鞋，接著進行划槳教學。講解以日語進行，但就算不懂日語也無妨，看著工作人員的肢體動作大致也可以理解，若有任何疑問，他們也能用簡單的英語和外國人溝通。

　豐平川上游的水勢還算平穩，但是沒有好好掌舵的話，船隻還是會不聽使喚的隨波逐流，無法照著既定路線前進。以我自身的例子來說，我和學齡前的小威力乘坐同一艘船，但小孩子的力氣太小，要他們用力擺動船槳其實是有些困難的，所以我們這艘船總是落單，一下子隨波逐流，一下子觸礁，多虧了隨行人員的多次幫忙，才讓船隻穩定前行。

　放眼望去，平穩的河道兩旁看不完的大自然山水畫，置身於群樹環抱的山谷裡，心胸頓時開闊許多，心情也如釋重負般的得到解放。這趟溪谷森林浴之旅，或許真的能消除平日累積的疲憊，有機會不妨來此試試自己划船的功力，也許會有意想不到的樂趣。

定山溪豐平川划船

1. 定山溪划船集合 2. 划船教學 3. 觸礁擱淺時就得合力把船移動水面上 4. 豐平川風景

🔍 定山溪豐平川划船

官網

集合地點	北海道札幌市南區定山渓温泉東 3 丁目 228（足のふれあい太郎の湯）
電話	0570-011-411（9:30～18:00）
營業時間	5/8～11 月上旬
	① 10：00～11：00　② 12：00～13：00　③ 14：00～15：00
公休日	11/5 開始冬季休業

年齡	3 歲以上～
參觀時間	1 小時
嬰兒車	不適合攜帶嬰兒車

門票

	費用
成人	￥4,000
6～12 歲兒童	￥3,000
幼兒	￥2,000

※3 歲以上有成人陪同即可參加

Free
免費停車場

🚃 交通指南

自駕

豐平峽水庫

豐平峽ダム

地圖

　在鄰近定山溪溫泉區的豐平峽水庫，是北海道境內重要的水庫，亦是札幌首屈一指的紅葉名所。豐平峽水庫位於支笏洞爺國立公園內，長 305 公尺、深 102.5 公尺，約有 34 層樓之高，蓄水量大約是 30 個札幌巨蛋。要進入豐平峽水庫需在停車場入口處轉乘巴士，基於環境保護為由，從入口處至水庫這段約 2 公里的路程，全年禁止自行車、摩托車進入，一般遊客來到此地，只能以徒步或搭乘園區的油電混合巴士，方得進入。

　豐平峽水庫雖然是一座水利設施，但其觀光價值非常高，園區內有森林遊園步道、展望台、登山纜車；尤其是每到秋分時節，楓紅染遍整個山際之時，從各地湧入的觀光客絡繹不絕。豐平峽水庫的楓葉絕景之所以迷人，正因為楓葉樹林與水庫間的高低差，讓觀賞的視野變得更加遼闊，水庫的湖水與紅葉相互映襯成一幅美麗的倒影山水畫，也難怪迷倒了成千上萬的遊客。

　除此之外，每年 4 月至 10 月的觀光放流，也深具可看性。氣勢磅礴的洩洪，不僅視覺上得到滿足，就連聽覺上也能感到震撼！要前往觀賞水庫觀光放流，請先上官網確認時刻表，避免撲空。

1. 油電巴士乘車購票處 2. 進入豐平峽水庫僅能搭乘油電巴士 3. 豐平峽展望台 4. 展望台纜車 5. 展望台餐廳「だむみえ～る」

🔍 豐平峽水庫（豊平峡ダム）

地址	札幌南區定山溪 840
電話	011-598-3452
營業時間	5/1~11/3 8:45 ～ 16:00

官網

洗手間　無障礙洗手間　免費停車場 Free　餐廳／賣店　自動販賣機　嬰兒車友善環境

年齡	全年齡適合
參觀時間	1 ～ 2 小時
嬰兒車	可推嬰兒車進入
門票	電氣車來回 成人 700 円、兒童 350 円

🚃 交通指南

自駕

定山溪農場
定山溪ファーム

地圖

定山溪農場距離札幌市區開車約 40 分鐘，是一處遠離塵囂可盡情享受採果樂趣的好地方。這裡依產季有好幾種水果可以採收，像是每年 6 月上旬到 7 月中旬的草莓；7 月上旬至 8 月上旬的櫻桃；9 月開始至 10 月下旬則是李子、酸梅、蘋果、梨子、葡萄的盛產期。入園免費，但如果是要入園體驗採果，就得額外付費進入。收費模式是採「吃到飽」的方式，入園後能盡情的享受邊採邊吃的樂趣，真的很過癮！當然也可以採收在園方提供的提籃裡，最後再拿到櫃檯秤重，打包回家（須額外付費）。

7 月下旬來到定山溪農場，正值櫻桃採收的季節，櫻桃樹上結滿閃閃發亮的櫻桃。帶孩子進入果園前，父母記得事先跟他們約法三章，在果園裡不能追逐奔跑、採收果子時力道要輕、不可以隨便破壞樹枝及果實。畢竟要經營一片乾淨又舒適的果園著實不易，除了園方要努力栽種、維護之外，遊客們也得盡一份心力才行。另外，櫻桃園裡分為好幾個區域，有些區域吃完的果核可以直接丟在櫻桃園裡，但有些區域則不行，請務必謹守規定！

1. 定山溪農場晶瑩剔透的櫻桃！ 2. 現採現吃孩子好開心 3. 工作人員會幫遊客別上手環 4. 草莓園 5. 櫻桃園 6 每一顆櫻桃都好透亮！

除了體驗採果樂趣之外，園區內也能租借釣魚竿親身體驗釣魚的樂趣，大家不妨體驗看看。在這裡釣到的魚可以帶回家，也能在園區內燒烤享用。果園內還有製作 pizza 及果醬的手作課程供遊客參加，但須事先向園方預約。

※ 魚竿租借費用 500 円／製作手工 pizza 1,900 円／製作果醬 1,500 円

窯烤披薩體驗區

🔍 定山溪農場（定山溪ファーム）

地址	北海道札幌市南區定山溪 832
電話	011-598-4050
營業時間	4/27 至積雪 9:00 ～ 17:00
公休日	無休（若天候不佳則臨時休園）

官網

年齡	2 歲以上～成人
參觀時間	半天
嬰兒車	園區內可推嬰兒車進入，但果園內不適合

門票

草莓 30 分鐘採食吃到飽	
6 月上旬至中旬	費用
大人（國中生以上）	￥1,600
兒童（4 歲以上）	￥1,300
幼兒（3 歲）	￥1,000
2 歲以下	免費

櫻桃採食吃到飽（品種：佐藤錦）	
7 月上旬～ 8 月上旬	費用
大人（中學生以上）	￥1,400
兒童（4 歲以上）	￥1,000
幼兒（3 歲以下）	免費

※9 ～ 11 月秋季果物開採日期及費用，請上官網查詢

 洗手間　 免費停車場　 餐廳／賣店
 自動販賣機　 嬰兒車友善環境

🚍 交通指南

建議自駕

本日餐廳推薦

午餐 可樂拉麵 (Karaku)

- 址 札幌南區定山溪溫泉西 3-43
- 電 011-598-2563
- 時 11:30 ～ 23:30
- 推 醬油拉麵
- 休 冬季休業

地圖

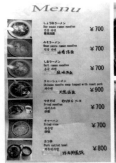

晚餐 Picante 湯咖哩 札幌駅前店

1. Picante 札幌駅前店　2. 野菜湯咖哩　3. 雞腿湯咖哩

- 址 北海道札幌市中央區北 2 条西 1-8-4（青山大樓 1F）
- 電 011-271-3900
- 時 11:00 ～ 16:00（L.O15:30）
- 休 每週三
- 費 1,380 円起～
- 推 雞腿湯咖哩、野菜湯咖哩
- 交 從「JR 札幌站」步行約 5 分鐘抵達

官網　　　　地圖

旭川
一日小旅

旭川、美瑛、富良野

📍 景 旭山動物園　　購 AEON MALL 旭川駅前

🍴 午 旭山動物園內　　晚 山頭火拉麵 旭川本店

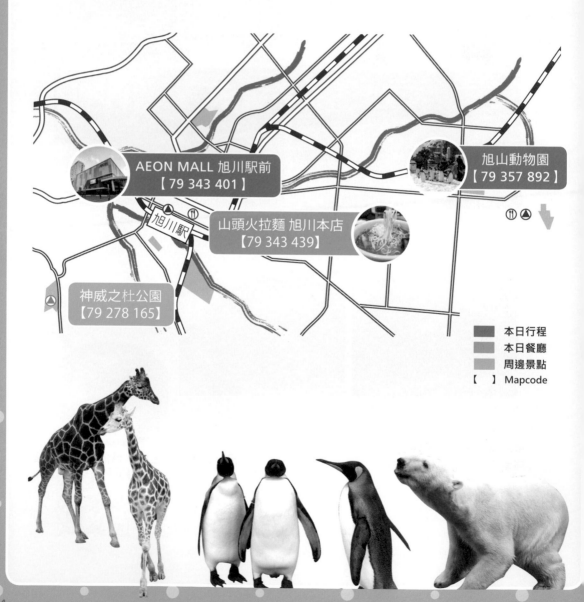

AEON MALL 旭川駅前
【 79 343 401 】

旭山動物園
【 79 357 892 】

旭川駅

山頭火拉麵 旭川本店
【 79 343 439 】

神威之杜公園
【 79 278 165 】

本日行程
本日餐廳
周邊景點
【 】 Mapcode

旭山動物園
旭山どうぶつえん

地圖

1. 與旭山動物園北極熊合照　2. 海豹館內的直立式水槽　3. 北極熊帥氣英姿　4. 河馬館

「旭山動物園」頂著日本最北端動物園的光環，從 1967 年開園以來就紅遍全日本，但隨後因為隱匿園內動物死亡的事件，入園人數一度銳減，還走上封園的命運。但當時的園長及飼養員不肯放棄，重新思考該如何創造出一座貼近動物原始生活環境的動物園，他們依照每種動物的習性去規劃，進而發明一種稱為「行動展示」的方法，徹底扭轉了旭山動物園的命運。

所謂行動展示，就是依照動物最原始的生活習性去創造出最適合牠們的居住空間，例如海豹館內設置一座直立式的水槽，讓海豹能自由自在的在水裡垂直俯衝，於熟悉的環境

裡，動物能展現出最佳的自然習性，而遊客也能透過這些設計近距離的看見動物的英姿。

好比在其他動物園看到的北極熊，常常都是慵懶的在水池旁時而行走時而臥趴，看起來了無生氣。但旭山動物園內的北極熊可是帥氣無比，館方在北極熊館裡闢建一座超大型的水槽，還特地把這座水槽的水位高度設定於成人的頭部左右，讓北極熊在上方看見人頭時會誤以為是海豹，牠便會從水面上一躍而下。旭山動物園的行動展示讓這座動物園再次充滿了生命力，也因此成為日本全國最受歡迎的動物園，其來園的遊客數還曾一度超越東京的「上野恩賜動物園」呢！

旭山動物園建築在山坡地上，園區總共有三個入口，正門、西門及東門，建議從山上的東門進入，從園區的高處一路往下慢慢逛。如果時間充裕，可以在旭山動物園待上一整天，從早上慢慢逛到傍晚。但如果只有幾個小時的時間，那就得從重點動物下手。絕對不能錯過的有北極熊館、海豹館、企鵝館及河馬館，這些說什麼也要迅速的逛過一遍，感受一下旭山動物園行動展示的成果。

動物園內有多處紀念品店，像是位於正門口的 ZOO SHOP、海豹館旁的中央賣店、及東門入口處的賣店，這幾間店舖都能挑選到旭山動物園才有的限定商品。但只有海豹館旁的中央賣店才能夠享有免稅服務（須購物滿 5,000 円以上）。

1. 旭山動物園冬天限定的企鵝散步　2. 孩子們認真的看著玻璃窗內的黑猩猩　3. 長頸鹿館　4. 好似披著一身白雪的雪鴞，非得在雪地上仔細尋覓才能看到牠的身影

🔍 旭山動物園 （旭山どうぶつえん）

地址	北海道旭川市東旭川町倉沼
電話	0166-36-1104

官網

開園期間		
期間		時間
夏季開園	4/27～10/15	9:30～17:15（最後入園 16:00）
	10/16～11/3	9:30～16:30（最後入園 16:00）
冬季開園	11/11～2020/4/7	10:30～15:30（最後入園 15:00）
夜間動物園	8/10～8/16	9:30～21:00（最後入園 20:00）

公休日　4/8～4/26、11/4～11/10、12/30～1/1

 洗手間　 無障礙洗手間　 免費停車場　 餐廳／賣店　 自動販賣機　 投幣式置物櫃　 Free wifi　 哺乳室　 尿布台　 嬰兒推車租借

  嬰兒車友善環境

年齡	全年齡適合
參觀時間	半天至一整天
嬰兒車	園區內可推嬰兒車進入，也可租借嬰兒推車

門票

	費用
大人（高中生以上）	¥1,000
兒童（國中生以下）	免費

企鵝館

🚃 交通指南

「JR 旭川駅」巴士站 6 號月台搭乘旭川電氣軌道巴士（旭山動物園線 41、47 號）可抵達（約 40 分鐘，成人票價 ¥500）

AEON MALL 旭川駅前
イオンモール旭川駅前

地圖

「AEON MALL 旭川駅前」位在 JR 旭川駅旁，這座結合購物商場與飯店的大樓，近年來為旭川市增添了不少人氣。回想 2014 年，初次來到旭川時，JR 旭川駅四周的景象只有孤寂兩個字可以形容，街上的行人屈指可數，而一旁正是還在興建中的 AEON MALL，說它是北海道第二大城，還真的有點難以置信。

　隔年的 2015 年，AEON MALL 落成，這棟複合式的購物商場與 JR INN 飯店結合，讓 JR 旭川駅前變得好熱鬧，霓虹燈閃爍個不停，街上人潮也變得熱絡許多，整座城市彷彿因為 AEON MALL 的誕生而再次重生。AEON MALL 是棟集合購物、美食、娛樂於一身的購物商場，有眾多日系品牌進駐，還有超市及許多著名的美食餐廳，4 樓還有座電影院呢！說是旭川的新地標真的當之無愧。

1. AEON MALL 旭川駅前　2. 與 JR 旭川駅連結　3. 一樓的 SuperMarket　4. 商場內集合購物、美食、娛樂於一身

🔍 AEON MALL 旭川駅前（イオンモール旭川駅前）

官網

地址	北海道旭川市宮下通 7-2-5
電話	016-621-4100
營業時間	9:00 ～ 21:00（部分店鋪營業時間有異）
公休日	無

年齡	全年齡適合
參觀時間	2 小時
嬰兒車	可推嬰兒車進入
門票	免費

洗手間　無障礙洗手間　付費停車場　餐廳／賣店　自動販賣機　投幣式置物櫃

Free wifi　哺乳室　尿布台　嬰兒車友善環境　雨天 ok

🚌 交通指南
「JR 旭川駅」直達

✕ 本日餐廳推薦

午餐 旭山動物園內

旭川動物園內有多間食堂，ZOO Kitchen CoCoLo、動物園中央食堂、東門內的 GARDEN TERRACE LION 等諸多選擇。

坐在戶外區享用著簡單的輕食

晚餐 山頭火拉麵 旭川本店

1. 醬油拉麵　2. 辛味噌拉麵

- 🏠 北海道旭川市 1 条通 8-348-3（MANNY BLD 1F）
- ☎ 0166-25-3401
- 🕐 11:00 ～ 22:00（L.O21:30）
  ※ 冬季營業時間會有更動，請依官網公告為主
- 休 每週四（若週四為國定假日則照常營業）
- 費 900 円起～
- 推 醬油拉麵、辛味噌拉麵
- 交 從「JR 旭川駅」步行約 3 分鐘可抵達

官網　　　　　　地圖

129

美瑛
一日小旅

旭川、美瑛、富良野

◯ 景 青池　　景 白鬚瀑布　　景 皆空窯　　景 四季彩之丘
景 新榮之丘

🍴 午 步人　　晚 Caferest 木のいいなかま

Restaurant Asperges
【389 010 540】

美瑛

Caferest 木のいいなかま
【349 882 779】

■	本日行程
■	本日餐廳
■	周邊景點
【 】	Mapcode

新榮之丘
【349 790 676】

美馬牛

步人
【349 653 867】

遊客服務中心
【349 627 090】

四季彩之丘
【349 701 156】

皆空窯
【349 598 540】

青池
【349 569 574】

白鬚瀑布
【796 182 604】

上富良野

吹上溫泉
【796 032 435】

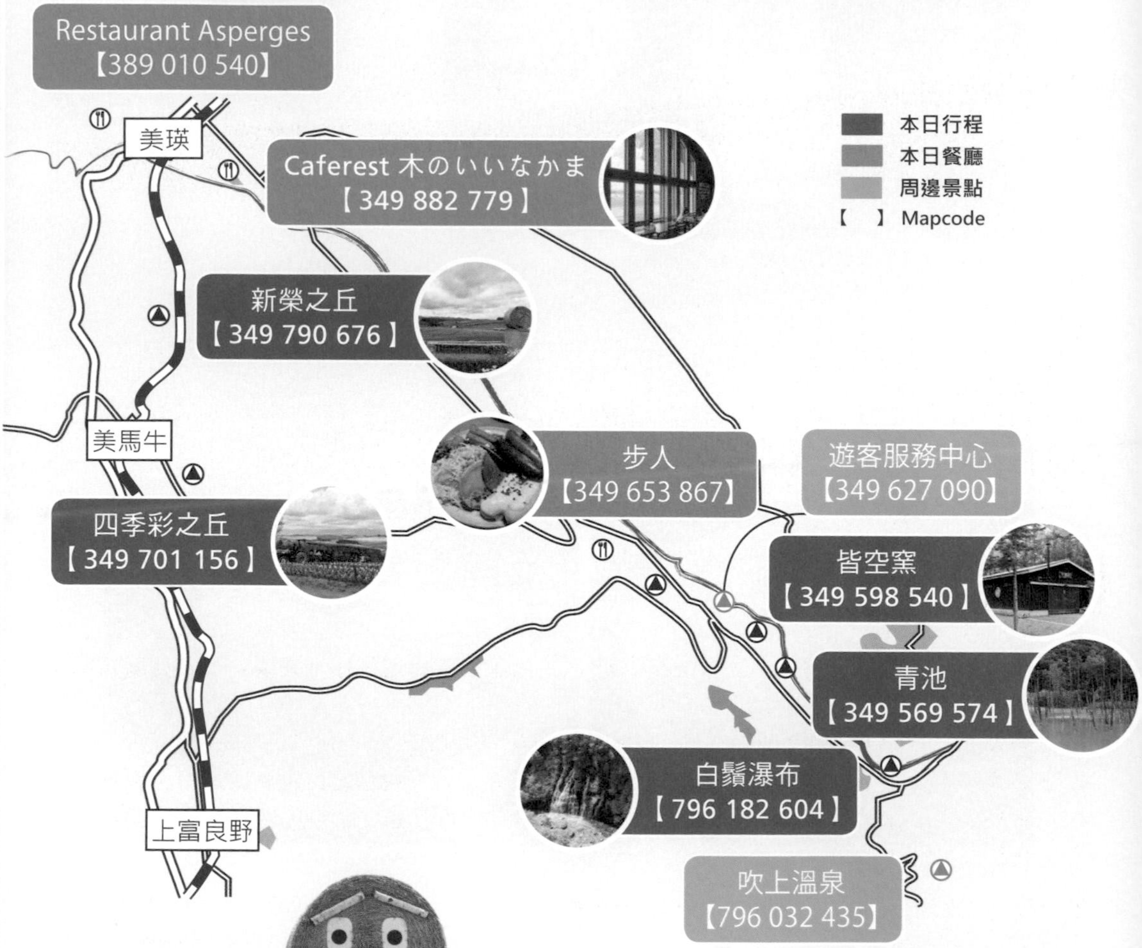

青池
青い池

地圖

　「青池」是一座人工湖泊，是 1988 年十勝岳火山噴發後為了當地居民安全而闢建的蓄水湖，興建之際的青池是不對外開放的，當時它的存在就彷彿是個謎。2010 年對外開放後，它的美瞬間被流傳開來，吸引了不少遊客前來一睹為快。而青池也被知名軟體公司選為作業系統的桌面背景而聲名大噪，每年從日本國內及海外湧入至青池的遊客與日俱增，只要去過一次，真的會對眼前這一幕靜謐的絕景永生難忘。

　青池的湖水究竟為何呈現藍色？這個答案至今依舊不清楚。有一說是因為青池附近是白金溫泉的泉源，因此流入了大量富含氫氧化鋁成份的溫泉水，這些水在太陽的照射下所產生的折射反應，會讓湖水看起來特別的藍。青池湖水的顏色，有時也會因為天候因素而呈現出不同的色澤，晴天來時湖水湛藍；陰天來時，湖水的色澤反倒是有點青綠色的感覺；而下過雨的青池，湖水則是呈現出混濁的灰綠色。

1. 美到令人屏息的青池　2 青池外的停車場　3. 參觀路線告示牌

　除了夏季之外，冬季披上白雪的青池，更是美到讓人瞠目結舌，尤其是夜間點燈時更是絕美到令人屏息。要看到這一幕，除了自行駕車前往外，美瑛觀光協會於每年 11 月上旬至 2 月下旬週末夜晚推出「見學 Bus Tour」，從 JR 美瑛站前的四季情報館出發，前往青池及白鬚瀑布欣賞夜間點燈（須事先預約）。

　不論是哪種面貌的青池，都流露出讓人捉摸不定的氛圍，也因為這層神秘感的加持，讓青池至今仍保有如此致命的吸引力。

冬季夜晚點燈的青池

🔍 青池（青い池）

地址	北海道上川郡美瑛町白金
電話	0166-92-4378（美瑛町觀光協會）
營業時間	自由參觀
公休日	冬季公休（僅在冬季夜間點燈期間開放）

美瑛觀光情報官網

年齡	全年齡適合
參觀時間	1 小時
嬰兒車	有些路段不適合推嬰兒車，建議使用揹巾
門票	免費

免費停車場

道北巴士時刻表

🚉 交通指南

從「JR 美瑛駅」搭乘道北巴士白金線「39 號」於「白金青池入口站」下車步行即抵達

地圖

白鬚瀑布
白ひげの滝

　　白鬚瀑布就座落在離青池不遠的白金溫泉區，源源不絕的泉水從石壁上的裂縫滲出，一條條白色的瀑布就像是白鬍子般，因而有了「白鬚瀑布」的稱號。瀑布含鋁的泉水流進下方的美瑛川，與溪水混合後產生了化學變化，讓下方的河水呈現出藍色的面貌，因此美瑛川亦有「青川」的別稱。

　　從藍河橋（Blue River Bridge）向美瑛川下游望去，在約3公里處匯流成了一座水池，那是美瑛的另一個神祕境地：青池。兩座稀世絕景能夠如此比鄰而立，讓遊客不禁讚嘆大自然鬼斧神工的奧妙。

備註：冬季的白鬚瀑布與青池皆有夜間點燈，每年11月上旬至2月下旬週末夜晚推出的「見學Bus Tour」，從JR美瑛站前的四季情報館出發，前往青池及白鬚瀑布欣賞夜間點燈（須事先預約）。

1. 白鬚瀑布　2. 藍色的美瑛川　3. 站在藍河橋上眺望白鬚瀑布　4. 冬季夜晚點燈的白鬚瀑布

🔍 白鬚瀑布（白ひげの滝）

地址	北海道上川郡美瑛町白金溫泉
電話	0166-92-4378（美瑛町觀光協會）
營業時間	自由參觀
公休日	無休

美瑛觀光情報官網

年齡	全年齡適合
參觀時間	半小時
嬰兒車	可推嬰兒車進入
門票	免費

Free
免費停車場

嬰兒車友善環境

道北巴士時刻表

🚃 交通指南

從「JR美瑛駅」搭乘道北巴士白金線「39號」於「白金溫泉站」下車步行即抵達

皆空窯
かいくうがま

地圖

　　如果旅行可以追著日劇的腳步跑，那真的會是一趟富有故事且充滿趣味性的旅行。皆空窯是日劇《溫柔時光》（優しい時間）劇中男主角的兒子學陶藝的地方。

　　故事的開始是這樣的。劇中的父親是一位被公司外派至國外工作的員工，有一天他在日本的妻子突然車禍過世，而造成這場車禍的元兇竟然就是他那加入飆車族的兒子。痛失愛妻的他毅然決定放棄工作，回到妻子的故鄉富良野，開了間名為「森之時計」的咖啡廳，完成他與妻子的夢想。父親與兒子之間的隔閡，加上兒子加入飆車族而造成妻子車禍身亡的雙重打擊，讓這位父親與兒子斷絕父子關係，從此不再相見。而劇中的兒子則是在母親生前好友的安排下來到美瑛學陶藝，而學陶藝的地方正是皆空窯。

　　對沒有看過日劇的人來說，皆空窯可能是幢佇立在森林裡再普通不過的房子；但喜愛這部日劇的人來說，這裡的一景一幕都格外熟悉，彷彿自己就是主角般走入場景裡。皆空窯的窯燒作品皆出自於南正剛先生與南泉小姐之手，每一樣作品都是全手工打造，因此每樣作品都有著獨一無二的紋路及窯燒痕跡，非常獨特！

1. 皆空窯的窯燒工廠　2. 座落在樹林中的皆空窯賣店　3. 擺放在皆空窯外的藝術品

🔍 皆空窯（かいくうがま）

地址	北海道上川郡美瑛町白金
電話	0166-94-3354
營業時間	8:30 ～ 17:00
公休日	每週二公休（國定假日及 7、8 月除外）；年末年始公休約 1 週

官網

年齡	適合 4 歲以上～成人	參觀時間	半小時
嬰兒車	可推嬰兒車進入	門票	免費

洗手間　免費停車場 Free　餐廳／賣店　嬰兒車友善環境

道北巴士時刻表

🚌 交通指南

從「JR 美瑛駅」搭乘道北巴士白金線「39 號」於「白金インフォメーションセンター」下車，步行約 8 分鐘即抵達

四季彩之丘
四季彩の丘

地圖

四季彩之丘是一座私人的花田農場，在 15 公頃的農田上種滿了各式各樣的花卉，每到夏季觀光客便會趨之若鶩的前來。

每年 5 月上旬，鬱金香、風信子、三色菫相繼綻放，彷彿是四季彩之丘正式對外宣告著「花季來了」。到了 6～7 月，花田就像是塊大地拼布般七彩繽紛，有人為了紫色薰衣草田而千里迢迢的來到這裡；有人想親眼目睹雜誌上常露面的七彩花田是否真實存在；也有人是迷戀金魚草那羞澀的模樣；也或許有人喜歡豪邁綻放的向日葵。不論大家的嗜好為何？這座夏日花田總是帶給大家無限的遐想！而這時期，亦是美瑛一年當中最絢麗、最熱鬧的時候。

1. 四季彩之丘　2. 可愛的稻草人迎接您　3. 乘著遊園車賞花田　4. 遍地的三色菫美不勝收

草泥馬牧場

在四季彩之丘裡還隱藏著一座草泥馬牧場（アルパカ牧場）。草泥馬的長相一直頗具爭議，究竟是羊駝還是駱馬？撇開牠的身世之謎不說，草泥馬的模樣確實惹人憐愛，憨厚的眼神又帶點委屈的表情，看了不餵牠吃片包心菜葉都說不過去。在草泥馬牧場的入口處可購買到包心菜葉，父母們在此大可放手讓孩子們去餵食，或許會碰撞出許多有趣的畫面也說不定。

🔍 四季彩之丘（四季彩の丘）

官網

地址	北海道上川郡美瑛町新星第三
電話	0166-95-2758

營業時間	時間		時間
1～4月	9:10～17:00	5、10月	8:40～17:00
6～9月	8:40～17:30	11～12月	9:10～16:30

（草泥馬牧場：閉園 30 分鐘前關閉）

公休日　無休 (餐廳 11～3 月每週三公休)

年齡　　全年齡適合
參觀時間　1 小時
嬰兒車　可推嬰兒車進入
門票　　7～9 月 成人￥500、兒童￥300
　　　　草泥馬門票

	費用
成人	￥500
國小生以上	￥300

（飼料費￥100）

洗手間　免費停車場　餐廳／賣店　自動販賣機　嬰兒車友善環境

🚃 交通指南

搭乘 JR 富良野線於「JR 美馬牛駅」下車，步行 25 分鐘抵達

新榮之丘
新栄の丘

地圖

　　從美瑛到美馬牛之間這一段路，有人稱為「景觀之路」，亦有人喜歡叫它「超廣角之路」。這一段路，丘陵地如波浪般高低起伏，遠看好似山巒層層堆疊，視野好到讓人拍案叫絕。

　　新榮之丘就位在超廣角之路上，這裡以觀賞夕陽風情著稱。夏日時，新榮之丘薰衣草滿開，花田裡亦參雜著不同色系的花卉，雖然規模不大，但也足以拼湊成一幅夏日拼布畫。

　　來到新榮之丘可以享受站在高處，觀看那綿延不絕的丘陵地無限的往後延伸，最後彷彿和十勝連峰相接為一體，那種暢快感，唯有站在此地的人才能深刻體悟。這裡有時也會看到架著專業照相機靜靜佇立在花田中的攝影迷們，他們專注的盯著相機觀景窗，好似在等待撥雲見日的那一刻，快速的按下快門，拍出一張張最美的美瑛風情。

1. 新榮之丘　2. 新榮之丘上的稻草男孩　3. 秀氣的稻草女孩

🔍 新榮之丘 (新栄の丘)

地址	北海道上川郡美瑛町美馬牛新榮
電話	0166-92-4378（美瑛町觀光協會）
營業時間	自由參觀
公休日	無休

眼前的丘陵地如波浪般起伏

年齡	全年齡適合
參觀時間	半小時
嬰兒車	可推嬰兒車進入
門票	免費

 洗手間　 免費停車場　 自動販賣機　 餐廳／賣店　 嬰兒車友善環境

本日餐廳推薦

午餐 步人

1. 步人 2. 火腿／香腸／培根套餐 3. 自製香腸咖哩飯 4. 超好吃的「薫人」

- 址 北海道上川郡美瑛町美沢美生
- 電 0166-92-2953
- 時 10:00 ～ 16:00
- 休 每週二、三（餐廳不定時臨時公休，公休日請參照官網公告）
- 費 750 円起～
- 推 火腿／香腸／培根套餐、薫人、咖哩飯
- 交 建議自駕

官網　　　　地圖

晚餐 Caferest 木のいいなかま（冬季休業）

- 址 北海道上川郡美瑛町丸山 2-5-21
- 電 0166-92-2008
- 時 11:30 ～ 17:00
- 休 每週一、每個月第一及第三個週二、11 月中旬～ 2 月冬季休業
- 費 1,000 円起～
- 推 蔬菜咖哩
- 交 建議自駕

1. 店內一隅 2. 漢堡排套餐 3. 蔬菜咖哩

地圖

富良野
一日小旅
1

旭川、美瑛、富良野

📍 ⑱ 富良野起司工房　⑱ カンパーナ六花亭　⑱ 富田農場
⑱ 森林精靈露台

🍴 ⑳ 富良野葡萄酒莊（ふらのワインハウス）
⑳ 森之時計（新富良野王子飯店 森林精靈露台內）

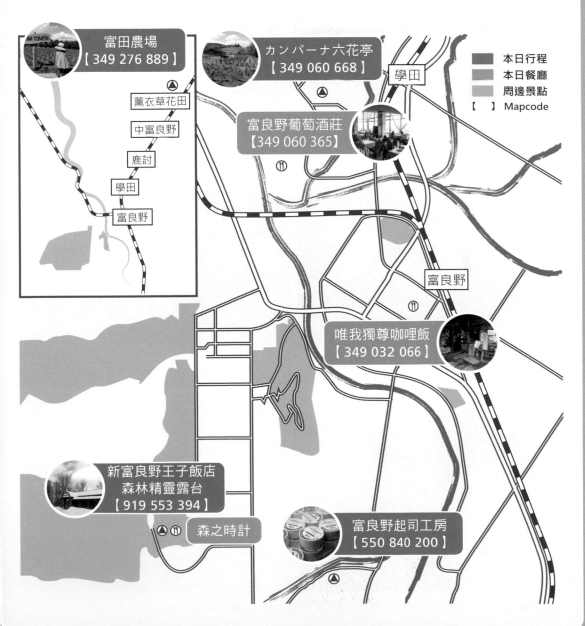

富田農場
【 349 276 889 】

カンパーナ六花亭
【 349 060 668 】

學田

本日行程
本日餐廳
周邊景點
【 　】 Mapcode

薰衣草花田

中富良野

富良野葡萄酒莊
【349 060 365】

鹿討

學田

富良野

富良野

唯我獨尊咖哩飯
【 349 032 066 】

新富良野王子飯店
森林精靈露台
【 919 553 394 】

森之時計

富良野起司工房
【 550 840 200 】

富良野起司工房
富良野チーズ工房

地圖

　由茂密的白樺樹圍繞的起司公園裡，座落著一幢木造房舍，是富良野的人氣景點「富良野起司工房」。這座公園裡除了有起司工房，還有冰淇淋工房及披薩工房。起司工房的1樓是起司的製造室及熟成室，遊客們可以透過玻璃窗看到起司的製作過程。

　沿著順路走上二樓，是起司工房的販賣部，工房裡的起司是使用富良野產的低溫殺菌牛奶製作而成。店裡的招牌是外觀有著大理石紋路的「紅酒切達起司」，這是富良野起司工房與酪農學院大學聯手開發的產品，也是全日本唯一加入紅酒的起司。另外還有一款非常吸引人目光的黑色起司「Sepia」（セピア），是在起司裡加上了墨魚汁，外面再披覆上一層白色的起司霉。店員說「Sepia」的起司味道十分濃郁，又加上是少見的黑色起司，很適合買來當伴手禮。

1. 富良野起司工房 2. 冰淇淋工房 3. 體驗手擠牛奶 4. 富良野黑色起司 Sepia

起司工房裡開設了奶油、冰淇淋、起司及麵包的手作課程，大家可以參考官網上的開課時間表來報名參加。除了麵包手作課須要事先預約外，其他三種課程只要到現場報名即可參加（須自費）。孩子們大多都喜歡冰淇淋手作課，他們專注的盯著老師操作的每個步驟，依序加入牛奶、砂糖等原料輕輕攪拌，再將原料倒入製冰機中。等待製冰的時間，老師開始教大家製作餅乾杯，最後只要把冰淇淋挖入餅乾杯中，淋上果醬，就大功告成了。

體驗手作冰淇淋

🔍 富良野起司工房（富良野チーズ工房）

地址	北海道富良野市中五區
電話	0167-23-1156
營業時間	4/1 ～ 10/31：9:00 ～ 17:00
	11/1 ～ 3/31：9:00 ～ 16:00
公休日	年末年始 12/31 ～ 1/3 休館

官網

年齡	全年齡適合
參觀時間	2 小時
嬰兒車	可推嬰兒車進入
門票	免費
	手作體驗工房費用

 洗手間　 無障礙洗手間　 免費停車場　 餐廳／賣店

 自動販賣機　 嬰兒車友善環境　 雨天 ok

體驗項目	時間	價格及所需時間
奶油（バタ） 冰淇淋（アイスクリーム）	9:15 ／ 10:15 ／ 11:15 13:15 ／ 14:15 ／ 15:15（11 ～ 3 月此時段公休）	￥1,000 （所需時間約 40 分鐘）
起司（チーズ）	9:30 ／ 11:00 13:30 ／ 15:00	￥1,100 （所需時間約 60 分鐘）

🚌 交通指南

從「JR 富良野駅」搭乘計程車約 9 分鐘抵達

カンパーナ六花亭

地圖

六花亭是北海道最具知名度的甜點品牌之一，尤其是招牌「萊姆葡萄夾心餅乾」（マルセイバターサンド），一直是我們的心頭好。六花亭在北海道各地設立了多家店舖，但較值得一提的是，六花亭在十勝、富良野一帶有幾座森林花園，結合藝術、花卉，把六花亭塑造成森林中的世外桃源，位於富良野清水山上的「カンパーナ 六花亭」就是其中一座。

カンパーナ六花亭迷人之處在於絕好的地理位置，面對著 2 萬 4 千坪廣闊的葡萄園，坐在店裡就能直視大雪山連峰的美麗景色。來到這裡，當然得點個此地的限定商品「富良野餅」（ふらの餅），外層是帶點Q感的

大福外皮，內餡則是選用富良野產的紅豆製作而成的紅豆泥。另外不容錯過的還有店內的人氣商品「葡萄冰淇淋」（ぶどソフト），這也是用富良野產的葡萄當原料製作而成，吃下去保證齒頰留香、回味無窮。

來到這兒的朋友，建議走到戶外座位區挑個好位置，望著眼前難得一見的葡萄園美景，運氣好的話，或許還能聽到此地鐘樓敲鐘的樂聲，體驗一場具備視覺、味覺、聽覺的心靈饗宴。

1. 寬敞的店內　2. 面對著廣闊的葡萄園　3. カンパーナ六花亭限定的富良野餅　4. カンパーナ六花亭限定商品

カンパーナ六花亭

地址	北海道富良野市清水山
電話	0167-39-0006
營業時間	10:30 ～ 16:00
公休日	每月不定時公休，請至官網查詢

官網

醒目的六花亭招牌

年齡	全年齡適合	參觀時間	1 小時
嬰兒車	可推嬰兒車進入	門票	免費

🚃 交通指南

從「JR 富良野駛」搭乘計程車約 10 分鐘抵達

 洗手間
 免費停車場 Free
 餐廳／賣店
 嬰兒車友善環境
 雨天 ok

富田農場
ファーム富田

地圖

①

提到北海道的薰衣草，大家第一個聯想到的一定就是位於中富良野的「富田農場」了，它是薰衣草花田的最佳代表，也是北海道首屈一指的花田農場。富田農場的主人富田家，從開拓使時代便在此地深耕種植薰衣草，當時種植薰衣草的目的僅是做為香料的原料成分。1976 年，富田農場的薰衣草花田因登上了日本國鐵的日曆而聲名大噪，從各地湧入前來朝聖的遊客與日俱增。而那張轟動全日本的薰衣草田照片正是今日富田農場裡的「傳統薰衣草花田」。

有了這個好的開始，富田農場的主人開始生產更多樣化的薰衣草商品，並著手策劃讓周圍的農田也能披上美麗的花衣。於是，慢慢的，富田農場裡的花卉種類越來越豐富，除了薰衣草之外，每到夏季，這裡可以說是五彩繽紛、燦爛至極。走在富田農場裡，最引人注目的不外乎是「倖之花田」，就位於農場的中央，栽種著 4 種不同品種的薰衣草，每到 7 月上旬滿開時，那層層疊起伏的紫色漸層，不知讓多少人魂牽夢縈。

1. 歡迎光臨富田農場　2. 如詩如畫的風景　3. 悠閒自在的午後時光　4. 五彩繽紛的花田

位於倖之花田兩側的分別是「花人之田」及「春之彩色花田」、「秋之彩色花田」。花人之田在春天種植三色堇，到了秋天則改種萬壽菊，於不同的季節定期替換新衣，迎接從世界各地前來賞花的遊客。而春之彩色花田及秋之彩色花田裡則種植著罌粟花、醉蝶花、玫瑰花等，放眼望去亦是由各種不同色系交織而成的拼布花田，為富田農場增添不少色彩。

除了逛逛花田、拍照留念外，來到富田農場當然不能錯過佇立在農場裡的各家小店舖，這裡販售著富田農場專屬的紀念品。喜歡薰衣草味道的朋友，絕不能錯過富田農場限定的薰衣草精油，可是這裡非常搶手的人氣商品。還有富田農場才吃得到的薰衣草霜淇淋，吃下一口，連嘆口氣都能聞到空氣中飄散著淡淡的薰衣草香味呢！

1. 富田農場內的乾燥花店舖　2. 超甜超多汁的哈密瓜　3. 富田農場限定的薰衣草冰淇淋

🔍 富田農場（ファーム富田）

地址	北海道空知郡中富良野町基線北 15
電話	0167-39-3939
營業時間	夏季花期 7 ～ 8 月 9:00 ～ 17:00　冬季時期 12 ～ 3 月 10:00 ～ 16:30
	※ 各店舖營業時間不一，請至官網查詢
公休日	無休

官網

 洗手間　 無障礙洗手間　 免費停車場　 餐廳／賣店　 自動販賣機　 嬰兒車友善環境

年齡	全年齡適合
參觀時間	2 ～ 3 小時
嬰兒車	可推嬰兒車進入
門票	免費

🚃 交通指南

搭乘 JR 富良野線於「ラベンダー畑」下車步行 7 分鐘抵達

乘車資訊

森林精靈露台
ニングルテラス

地圖

❶

位於新富良野王子飯店旁的「森林精靈露台」（ニングルテラス），光是看到名字就彷彿在催促著旅人的腳步，一定要前來探尋一番。這個名字的發想是來自於日本知名編劇倉本聰先生早期的一部作品《ニングル》，

小說的主軸是描述著一群身高僅有 15 公分高的精靈，居住在北海道森林裡的故事。而打造這座現實中的森林小木屋時，就是環扣著「這裡是精靈的棲息地」的故事發想，讓森林精靈露台隨處充滿天馬行空的想像。

❷

❸

1. 一幢幢小木屋像極了裹著糖霜的薑餅屋　2. 冬日的森林精靈露台　3. 位在森林精靈露台外的富良野電影館

145

茂密的森林裡，架起了木棧步道，沿途是由15間小木屋及兩間咖啡廳串聯而成的商店街，每間小店舖都承租給在地職人，販售手工製作的藝品，他們用紙、木頭、皮革、銀、玻璃等天然素材，透過巧妙的創意設計，創造出獨一無二的限量作品。

這裡亦是日劇《溫柔時光》的拍攝場地，森林深處一間名為「森之時計」的小木屋，是男主角經營的咖啡廳。來到森林精靈露台，請務必要來這兒品嚐一杯手磨咖啡，不如就挑選劇中女主角最喜歡的靠窗座位，啜飲咖啡的同時一併回味這部日劇裡的經典畫面。

就算沒有入住新富良野王子飯店，一樣能夠自由進入森林精靈露台參觀。夜晚，沿著木棧道會點起微亮的黃光，那景象宛如就像童話故事裡精靈的故鄉；倘若有幸能在下雪的冬季前來，那一幢幢小木屋會瞬間變身成童話故事裡披著白雪的薑餅屋，原本翠綠的森林也頓時換上了銀白新衣，漫步其間就彷彿踩在棉花糖上，如是的風景煞是美麗啊！

遠遠的看著孩子漫步其中，就好像看到精靈出沒，以後一定要告訴他們，森林裡不再只是住著大野狼、壞巫婆，還住著一群天真可愛的小精靈呢！

飄著雪的森之時計

1. 漫步森林精靈露台　2. 飄著雪的森之時計チュチュの家咖啡店

🔍 森林精靈露台（ニングルテラス）

地址	北海道富良野市中御料（新富良野王子大飯店內）
電話	0167-22-1111
營業時間	12:00 ～ 20:45
公休日	無休（每間店鋪會有不定時公休）

官網

 洗手間　 無障礙洗手間　 免費停車場　 餐廳／賣店　 自動販賣機

年齡	全年齡適合
參觀時間	1 ～ 2 小時
嬰兒車	內有木棧階梯，不適合推嬰兒車，建議使用揹巾
門票	免費

森林精靈露台裡的小木屋

🚍 交通指南

從「JR 富良野駅」搭乘富良野巴士「Lavender 號」至「新富良野王子飯店前」下車即抵達

本日餐廳推薦

午餐 富良野葡萄酒莊（ふらのワインハウス）

- **址** 北海道富良野市清水山
- **電** 0167-23-4155
- **時** 11:00 ～ 20:00（L.O19:00）
- **休** 每週二及年末年始（12/31 ～ 1/4）
- **費** 750 円起～
- **推** 牛排、野菜湯咖哩
- **交** 從「JR 富良野駅」搭乘計程車約 5 分鐘抵達

官網　　　　地圖

1. 富良野葡萄酒莊店內一隅　2. 葡萄酒莊外的薰衣草田
3. 牛排　4. 漢堡肉兒童餐　5. 野菜湯咖哩

本日餐廳推薦

晚餐 森之時計（新富良野王子飯店 森林精靈露台內）

1. 森之時計店內一隅
2. 日劇《溫柔時光》裡的名言 3. 店內著名的手磨咖啡 4. 有《溫柔時光》相伴的片刻 5. 雪のシチュー 6. 森之咖哩飯

址 北海道富良野市中御料
電 0167-22-1111
時 12:00 ～ 20:00（L.O19:00）
費 600 円起～
推 森之咖哩飯、雪のシチュー、手磨咖啡
交 從新富良野王子飯店步行約 10 分鐘抵達

官網

地圖

富良野
一日小旅 2

旭川、美瑛、富良野

📍 景 富良野水晶音樂館　　景 富良野果醬園　　景 麓鄉之森
　 景 五郎石之家　　景 拾來之家

🍴 午 とみ川拉麵　　晚 唯我獨尊咖哩飯

本日行程
本日餐廳
周邊景點
【　】 Mapcode

麓鄉之森
【550 830 219】

五郎石之家
【550 833 335】

富良野玻璃館
【550 798 017】

富良野果醬園
【550 803 272】

拾來之家
【550 798 112】

富良野水晶音樂館
【550 802 275】

麓鄉展望台
【550 774 848】

とみ川拉麵店
【550 768 851】

150

富良野水晶音樂館

富良野オルゴール堂

地圖

　「麓鄉」是經典日劇《來自北國》的主要拍攝舞台，因此在麓鄉有多處與這部日劇息息相關的景點，對影迷來說，能夠踏上麓鄉追劇，真的是一件最幸福不過的事了。

　位於麓鄉的「富良野水晶音樂館」，陳列的音樂盒約有 1,000 多種，有木製、陶製、玻璃等各種不同材質，原本平凡無奇的音樂盒，在水晶音樂館裡似乎都被賦予了生命般，每一個都讓人愛不釋手。而其中最特別的是這裡設立《來自北國》的音樂盒專區，當轉動發條樂聲響起的那一刻，腦海中就彷彿出現日劇播送的畫面，實在令人懷念！

1. 富良野水晶音樂館　2. 富良野水晶音樂館店內景象　3. 店內也有販售宮崎駿卡通周邊商品

151

水晶音樂館（オルゴール堂）在日本有多家分店，旅遊小樽、函館、京都都能看見其身影。如果想要客製化屬於自己的音樂盒，也可以向館方預約手作課程，創造出屬於自己獨一無二的紀念音樂盒。

1. 超有質感的陶瓷音樂盒
2.《來自北國》的音樂盒專區

富良野水晶音樂館（富良野オルゴール堂）

地址	富良野市東麓鄉 3
電話	0167-29-2288
營業時間	9:15 ～ 17:45（部份期間營業時間縮短，請見官網公告）
公休日	無休（年末年始 12/31 ～ 1/3 除外）

官網

洗手間　免費停車場　餐廳／賣店　自動販賣機　嬰兒車友善環境　雨天 ok

年齡	全年齡適合
參觀時間	1 小時
嬰兒車	可推嬰兒車進入
門票	免費

富良野果醬園
ふらのジャム園

地圖

隱藏在麓鄉深處的共濟農場「富良野果醬園」，從 1974 年開店以來，一直以製作天然、安心的果醬，而受到廣大民眾的喜愛。

在富良野果醬園的賣店裡，可以品嚐到超過 38 種水果風味的果醬，出產的果醬對於糖份的掌控非常謹慎並拒絕使用防腐劑、合成香料及色素等添加物，遵循著食物最天然的味道，製作出讓人安心食用的果醬。2006 年，以「果醬奶奶」（ジャムおばさん）為主角的插畫誕生，成為了富良野果醬園最醒目的招牌。

而描畫出「果醬奶奶家族」（ジャムおばさんファミリー）一系列角色的作家，正是紅遍日本的卡通《麵包超人》漫畫家：柳瀨嵩先生。受共濟農場大久保夫婦的邀請，柳瀨嵩先生也決定將「麵包超人直營 2 號店」開在有著大自然環抱的麓鄉。或許大家會覺得麵包超人直營 2 號店開在如此的深山裡似乎有點違和，但如果想像著一旁正是富良野果醬園，和麵包超人卡通以麵包為主題的內容完全吻合，那這兩座賣店並排座落在麓鄉的深山裡就再合適不過了。

1. 富良野果醬園　2. 富良野果醬園自產的天然果醬　3. 富良野果醬園 2 樓的塗鴉室

153

麵包超人直營 2 號店

　不用懷疑，這裡整間店都是麵包超人的相關商品！踏進麵包超人賣店時請看緊荷包，否則一不小心就會掉落失心瘋的深淵。

　麵包超人賣店 1 樓販售著各式各樣的周邊商品，絨毛玩具、益智玩具、生活用品、文具用品、餐具、衣服、鞋子、零食應有盡有，而且非常齊全。雖然這裡的價格不見得便宜，但很多在外面店舖找不到的東西，在直營店裡都能找到。2 樓是繪本區及展覽區，可以坐下來翻翻繪本，或是看看展覽區裡柳瀨嵩先生描繪的畫作。

　附帶一提，麵包超人直營賣店只接受現金付款，而且針對外國人也無法辦理退稅，所以來到這裡一定要帶足現金，才能買個痛快！

1. 周邊商品非常齊全　2. 座落在麓鄉深處的麵包超人直營 2 號店　3. 店外的噴水池邊可以盡情的玩水
4. 麵包超人商品大集合　5. 2 樓展覽區

麓鄉展望台

從富良野果醬園再往深處走，即可來到標高 500 公尺的麓鄉展望台。從這裡可以眺望麓鄉一帶的鄉村風景，美不勝收。展望台前方的山坡即是花田，如果是夏天花季時節造訪，放眼望去是一大片的花海，那可真的會美到讓人流連忘返呢！夜晚的麓鄉展望台可以欣賞夜景，雖然麓鄉市區的燈火不多，但在沒有光害的展望台上，欣賞那滿天星斗，絕對是住在城市的我們心神嚮往的夢幻美景啊！

麓鄉展望台

🔍 富良野果醬園（ふらのジャム園）

地址	富良野市東麓鄉 3
電話	0167-29-2233
營業時間	9:00 ～ 17:00
公休日	年末年始（12 ～ 3 月冬季期間會有臨時休業）

官網

洗手間　無障礙洗手間　免費停車場　餐廳／賣店　自動販賣機　尿布台　嬰兒車友善環境　雨天 ok

年齡	全年齡適合
參觀時間	2 小時
嬰兒車	可推嬰兒車進入
門票	免費

麓鄉之森
麓鄉の森

地圖

《來自北國》是日本編劇家倉本聰先生的作品，1981年拍攝成日劇時，在日本造成了不小的轟動。而這部日劇以富良野麓鄉為主要舞台，目前在麓鄉尚保留著多處日劇裡的場景。《來自北國》之所以受歡迎，或許是作者以溫柔慈愛的方式描繪出家庭、親情之間濃厚的情感，以平淡直敘的口吻道出一個平凡家庭日常生活上的遭遇與困境，是部發人省思，很有深度的電視劇，而劇中帶出的富良野自然風光更是讓人想要來一探究竟。

麓鄉之森裡有幾棟小木屋，其中與劇情息息相關的景點是「丸太小屋」與「風車之家」，這是男主角黑板五郎在劇中的第二及第三間房子。森林入口處的「來自北國紀念小屋」裡貼滿了《來自北國》的劇照，裡頭佈置的就像自宅般溫馨，電視裡還不斷的播送著這部膾炙人口的日劇。

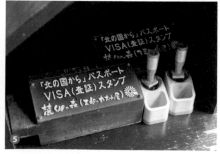

1. 麓鄉之森：彩之大地　2. 彩之大地店內一隅　3. 丸太小屋　4. 風車之家　5.《來自北國》紀念章
6. 兩個深愛著富良野的孩子

在森林深處，藏匿著一間「木力工房」，整間小木屋都是老闆豬飼先生的木工創作，利用當地撿來的樺木及白樺樹枝，再經由他的巧手製作後，瞬間變成了獨特的作品。在木力工房裡能尋覓到一系列「森林老伯伯（森のオジサン）」的作品，這是豬飼先生以森林老伯伯這角色為創作靈感，透過木頭將他刻劃出各種栩栩如生的姿態。如果時間還有

餘裕，木力工房也有提供木工手作課程，不妨可以帶著孩子一起來體驗。

麓鄉之森的遊客不多，也正因此保有了一絲寧靜，現在又有森林老伯伯的加持，讓這片森林多了點不可思議的神祕感，實在耐人尋味啊！

1. 木力工房前佇立著森林老伯伯木雕，好似在迎接我們的到來　2. 店內的作品全出自於豬飼先生之手　3. 與豬飼先生的合照

🔍 麓鄉之森（麓郷の森）

地址	富良野市東麓鄉 1-1
電話	0167-29-2323
營業時間	4/16 ～ 9/30 9:30 ～ 17:30（L.O 17:00） 10/1 ～ 11/23 9:30 ～ 16:00（L.O 15:30）
公休日	冬季休業（11/24 ～翌年 4 月中旬）

倉本聰一系列的作品集

官網

年齡	全年齡適合
參觀時間	1 小時
嬰兒車	不適合推嬰兒車進入，建議使用揹巾
門票	園內免費（進入「丸太小屋」與「風車之家」門票：500 円）

洗手間　　免費停車場　　餐廳／賣店

五郎石之家
五郎石の家

地圖

❶

這是《來自北國》男主角：黑板五郎在劇中的最後一個家。

　　沿著森林步道走，路旁豎立著許多劇照看板，一張張都在展示《來自北國》這部日劇的經典畫面。除了劇照看板，路旁也有「問答集」告示牌，題目都是日劇裡的情節，這無非就是要考驗大家的記憶，看對這部深植人心的日劇是否印象深刻？每問完一個問題，走到下個看板時就會公佈答案，答對的人則踩著輕鬆的步伐繼續前行；反觀答錯的人便會站在看板前左思右想，好似在責怪自己怎麼會答錯一般，畫面煞是有趣！

❷

❸

1. 五郎石之家入口購票處　2. 森林步道上豎立的劇照看板　3. 黑板上記錄著《來自北國》每一集的高收視率

　　森林間時而飄來陣陣熟悉又悅耳的音樂，原來遠方的收音機正播放著《來自北國》的主題曲。步出森林步道後，眼前豁然開朗，廣大的草原裡佇立著一幢紅色屋頂的石造建築，這正是「五郎石之家」，這裡的一景一物全然和日劇裡的場景一模一樣。雖然這間房子看似簡陋，甚至連隔間也沒有，就連要上個洗手間也得走到戶外，但看過日劇的人卻知道，這個家可是裝填著黑板家人滿滿的愛與歡笑啊！

1. 紅色屋頂的石造建築正是五郎石之家　2. 五郎石之家的景象　3. 距離五郎石之家不遠處的房子，是劇中黑板五郎回北海道後的第一個家

🔍 五郎石之家（五郎石の家）

地址	富良野市東麓
電話	0167-23-3388（富良野觀光協會）
營業時間	4/16 ～ 9/30 9:30 ～ 18:00（最終入場 17:30） 10/1 ～ 11/23 9:30 ～ 16:00（最終入場 15:30）
公休日	開放期間無休 ※ 冬季休業（11/24 ～翌年 4 月中旬）

官網

年齡	全年齡適合
參觀時間	1 小時
嬰兒車	有些路段不適合推嬰兒車進入，建議使用揹巾

洗手間　免費停車場　餐廳／賣店

門票	費用
成人	￥500
小學生以下	￥300

※ 3 設施套票（拾來之家、麓鄉之森、五郎石之家）1,200 円（兒童 600 円）

拾來之家
拾って来た家

地圖

「拾來之家」即是意謂著將撿來、廢棄不要的物品再次利用,並改造成一幢幢的房子,這是《來自北國》男主角:黑板五郎最自豪的作品。走進拾來之家,可以看到廢棄的纜車車廂、被淘汰的公車、被丟棄的貨櫃、還有不知從哪兒撿拾來的木門等等,這些物品都被黑板五郎的巧手改造成一幢幢別緻的小房子。最為醒目的大概就是那棟以公車改造的房子吧!這是黑板五郎送給他剛結婚的兒子:黑板純的禮物。走進裡頭一瞧,這棟房子麻雀雖小但五臟俱全,浴室裡還特地建造了一座石造風呂,讓孩子在酷寒的冬日裡也能享受泡湯的樂趣,只能說這位爸爸真的是用心良苦啊!

1.《來自北國》劇中的拾來之家　2. 利用廢棄物建造而成的拾來之家　3. 用公車改建而成的房子
4. 拾來之家內一隅

《來自北國》在當年之所以會造成轟動，或許是把父親與兒女間的情感刻劃的鉅細靡遺，爸爸與女兒間的細膩情感及爸爸與兒子間的冷漠衝突，大概就如同現實生活般的真實。

1. 位在拾來之家旁的房子是黑板五郎在劇中的第四個家　2. 感謝管理員熱心的解說
3. 兩個孩子對這棟房子充滿好奇

🔍 拾來之家（拾って来た家）

地址	富良野市麓鄉市街地
電話	0167-23-3388
營業時間	4/16 ～ 11/23 9:30 ～ 18:00（最終入場 17:30） 11/24 ～翌年 4 月中旬 9:30 ～ 16:00（最終入場 15:30）
公休日	冬季期間週一及週四

官網

年齡	全年齡適合
參觀時間	1 小時
嬰兒車	有些路段不適合推嬰兒車進入，建議使用揹巾

洗手間　免費停車場　餐廳／賣店　腳踏車租借

門票

	費用
成人	￥500
小學生以下	￥300

※ 3 設施套票（拾來之家、麓鄉之森、五郎石之家）1,200 円（兒童 600 円）

午餐 とみ川拉麵

1. とみ川拉麵　2. 店內的洗手間裡貼滿《來自北國》的海報　3. 叉燒拉麵　4. 醬油拉麵

- 址　北海道富良野市字麓鄉市街地 5
- 電　0167-29-2666
- 時　平日 11:00 ～ 15:00
　　周末假日：11:00 ～ 15:30
- 休　12/1 ～翌年 3/31 冬季休業
- 費　900 円起～
- 推　味噌拉麵、醬油拉麵
- 交　建議自駕

地圖

晚餐 唯我獨尊咖哩飯

1. 唯我獨尊咖哩飯　2. 店內一隅　3. 店內自慢料理：自製香腸咖哩飯

- 址　北海道富良野市日之出町 11-8
- 電　0167-23-4784
- 時　11:00 ～ 21:00（最後點餐時間 20:30）
- 休　每週一
- 費　900 円起～
- 推　自製香腸咖哩飯、海鮮咖哩飯
- 交　從「JR 富良野駅」步行約 5 分鐘可抵達

官網　　　　　地圖

地圖

富良野特輯

北海肚臍祭

北海へそ祭り

富良野位於北海道的地理中心,以人的身體部位來說,就相當於肚臍的位置。而每年夏天富良野最盛大的活動莫過於已有 40 年歷史的「肚臍祭」,這一天,原本寧靜的富良野頓時湧入大批人潮。祭典在晚間舉行,許多熱情的遊客在下午就前來卡位,守候在街頭第一排的位置。

在為期兩天的肚臍祭裡,富良野的市民全體動員,由當地商家、學生及婦女團體組成的隊伍,每個人在肚皮上彩繪出各式各樣誇張、扭曲、滑稽的臉(稱為「圖腹」),手持著斗笠盡情的擺動身體,跳著傳統舞步的「肚臍舞」在街上遊行。

富良野特輯

1. 富良野夏日最大祭典：肚臍祭　2. 大家都賣力的擺動身軀　3. 生動又活潑的圖腹　4. 有專人為你繪製可愛的圖腹　5. 一起加入遊行隊伍的行列囉！　6. 孩子們都畫上自己喜愛的角色

　　針對外來的觀光客，可以支付 2,000 円，在現場報名參加肚臍祭遊行，會場會有專門的人員幫你在肚皮上繪製圖腹，隨後再換上肚臍祭的服飾。臨時加入的人也會組成一列隊伍加入肚臍祭的遊行行列裡，大家一起扭動肚皮，擺動著舞步，完全融入這場夏季的嘉年華會。

　　這一天，擁有超厚實啤酒肚的人將成為全場最矚目的焦點，伴隨著肢體扭動，肚皮上的臉譜也會隨之產生滑稽又逗趣的變化。這麼難得的盛會，香草和小威力當然也成了遊行隊伍的表演者，他們在肚皮上畫上自己喜愛的卡通人物，小小的年紀走在隊伍裡也格外吸睛。這是一場難忘的夏日盛會，有機會來參加肚臍祭的朋友，別羞澀，一起加入遊行的行列，賣力的扭動你的身軀，這個夏天絕對會永生難忘！

🔍 北海肚臍祭（北海へそ祭り）

地址	富良野市市區內
電話	0167-39-2312（市役所商工観光課）
營業時間	每年 7/28 ～ 7/29（詳細時間請參考官網）
門票	自由參觀（肚皮彩繪自費 2,000 円）

官網

🚃 交通指南

從「JR 富良野駅」步行 5 分鐘即抵達

新富良野王子飯店滑雪
（冬季限定）

1. 我們的教練　2. 帥氣的小威力　3. 進步神速的香草

　　夏季的富良野被滿山遍野七彩繽紛的花田佔據，但沒幾個月的光景，季節轉入冬天，原本朝氣蓬勃、色彩盎然的花田瞬間被靄靄白雪覆蓋，霎時間變成一處讓人摸不著頭緒的銀白世界。

　　「夏天來富良野賞花、冬天就來富良野滑雪吧！」這是每年在富良野上演的季節變幻秀。雖然有點不可思議，但這裡的四季就是如此分明。明明 7 月才徜徉在薰衣草的紫色花海裡，沒想到 12 月再度踏上此地時已漫天飛雪。

　　富良野滑雪場分為兩區，一是靠近新富良野王子飯店的「富良野區」，一是坡道較為陡峭的「北之峰區」。兩處皆設有吊椅纜車及大型空中纜車，讓遊客能順利往返山頂。兩個地區皆有幾間滑雪學校可以預約滑雪教學課程，有依年齡及程度來區分的團體班，也有專屬教練的私人包班課程。目前在「木村公宣滑雪學校」（KIMURA KIMINOBU SKY SCHOOL）可預約「家庭私人教練課程」（Family Private Lesson），在私人教練的帶領下，進行一場滑雪初體驗。

富良野特輯

預約滑雪課程

　　以木村公宣滑雪學校為例，必須事先寫信預約，或是抵達新富良野王子飯店後透過飯店預約也可以。一般滑雪學校會有個開學日，如果在抵達富良野時滑雪學校尚未開學的話，還是可以寫信詢問私人教練課程，通常都是有機會成行的。

團體課（依年齡及程度分組）	私人教練（Family Paivate Lesson）
2 小時課程：9000 円／人	2 小時課程：29,000 円起～／2 人
4 小時課程：15,000 円／人	4 小時課程：38,000 円起～／2 人

※ 更詳盡的課程資訊請上木村公宣滑雪學校查詢。

木村公宣滑雪學校資訊：
官方網站：https://kk-ss.com/
預約 email：info@kk-ss.com

租借雪具及費用

　　一般滑雪場都會附設滑雪裝備租賃處，雪衣、雪褲、手套、專業滑雪雪靴、Ski 配備、Snowboard 配備都非常齊全，只要上課當天提前到此租借即可。

1. 滑雪配備租賃　2. 填寫每個人的身高、年齡等基本資料　3. 大人小孩的雪衣及雪褲一應俱全　4. 挑選適合身高的雪杖　5. 依照腳的長度調整滑雪板　6. 幫孩子們穿上專業滑雪雪靴

滑雪課程注意事項

　　體驗雪地活動，最重要的就是聽從教練的指導，按部就班的照著指示做，練習久了就會抓到一點點訣竅。你可能會好奇的問，幾歲的孩子適合滑雪？孩子滑雪會危險嗎？建議至少要 4 ～ 5 歲以上穩定度較高的小孩，較適合體驗這項活動。對於初學者而言，一開始教練是從最基本的動作及如何保護自己教起，有專門的私人教練在一旁跟著，父母大可以放手讓孩子們去摸索，說不定他們學得比大人還快呢！

1. 仔細聽從教練解說的每個步驟　2. 學滑雪之前要先學會如何安全的跌倒，以保護自己
3. 教練親切的指導該如何煞車

🔍 新富良野王子飯店滑雪場

地址　　北海道富良野市中御料（新富良野王子大飯店）
電話　　0167-22-1111
營業時間　8:00 ～ 16:00（11 月下旬至 5 月上旬）
　　　　※ 開業日和營業時間會依照天候狀況而變動

官網

🚃 交通指南

從「JR 富良野駅」搭乘 Lavender 號至「新富良野王子飯店前」下車即抵達

紋別、網走、知床

紋別
一日小旅

(景) 紋別冰海展望塔　(景) 鄂霍次克海豹中心
(景) 鄂霍次克流冰科學中心　(景) 鄂霍次克流冰公園

(午) 鄂霍次克流冰科學中心 GIZA 喫茶店
(晚) 紋別白咖哩 MARINA

紋別白咖哩 MARINA
【401 357 830】

紋別市

鄂霍次克海

紋別冰海展望塔
【801 585 678】

鄂霍次克海豹中心
【801 585 669】

鄂霍次克流冰科學中心
【801 585 104】

鄂霍次克流冰公園
【801 527 819】

■ 本日行程
■ 本日餐廳
■ 周邊景點
【 　】 Mapcode

紋別冰海展望塔

オホーツクタワー

地圖

1

2

「紋別冰海展望塔」佇立在堤防延伸出去的鄂霍次克海中央，堪稱是世界上第一座海中展望台。站在「紋別海洋公園」，遠遠的就能看到它美麗的身影。

在還沒走到紋別冰海展望塔之前，我們被停放在海洋公園裡，已退役的第一代破冰船「ガリンコ号」給深深吸引。雖然沒有機會乘著破冰船出海去，但能夠看到漆著大紅船身的第一代「ガリンコ号」帥氣的英姿，真

的會有股衝動想來一趟破冰之旅。雖然第一代破冰船已退役，但別擔心，目前已由「ガリンコ号」二代在每年流冰季節（約 1～2月）繼續負責海上的載客任務。

要前往冰海展望塔前，必須先穿越長達 1公里的紋別港第三防波堤，遊客可以用徒步的方式邊走邊欣賞沿途的海景，亦可以在堤防入口處等待「流冰天使號」接駁專車前來迎送。

3

4

1. 紋別冰海展望塔　2. 等待流冰天使號　3. 走在第三防波堤上　4. 已退役的第一代ガリンコ号

冰海展望塔海面標高 38.5 公尺，深入海底 7.5 公尺，是棟海面 3 層樓加上海底一層樓的展望塔，海面上的 1 樓是紀念品賣店，2 樓是影像放映室，登上 3 樓則能透過 360 度無死角的景觀玻璃窗欣賞鄂霍次克海域，如果是 1 月份流冰季節造訪，更有機會能看到流冰奇景也說不定。

在地下海底層可以透過玻璃窗看到悠游自在的海底生物群，亦能親手觸摸展示間內的海洋生物，讓孩子們透過他們的小手，摸摸海星、海膽，親手體驗大自然的奧妙。

1. 海底層樓　2. 透過玻璃窗可看到海中生物　3. 親手撫摸海星、海膽
4. 3 樓全景環景玻璃窗

🔍 紋別冰海展望塔（オホーツクタワー）

地址	北海道紋別市海洋公園 1
電話	0158-24-8000
營業時間	10:00 ～ 17:00（最終入場時間 16:30）
	元旦 1/1 特別開放 6:30 ～ 10:00
公休日	12/29 ～ 1/3
	※ 因應天候不佳也會臨時休館

官網

年齡	適合 2 歲以上～成人
參觀時間	1 小時
嬰兒車	可推嬰兒車進入

門票

	費用
成人（高中生以上）	¥500
國中生以下	¥250

洗手間　無障礙洗手間　免費停車場　餐廳／賣店

自動販賣機　Free wifi　嬰兒車友善環境　雨天 ok

🚌 交通指南

從紋別巴士總站搭乘北紋巴士（往遠輕方向），
於「オホーツクタワー入口」下車即抵達

北紋巴士時刻表

地圖

鄂霍次克海豹中心
オホーツクとっかりセンター

1. 鄂霍次克海豹中心
2. 與海豹合照 3. 俏皮活潑的海豹們

「鄂霍次克海豹中心」和「紋別冰海展望塔」同樣位於「紋別海洋公園」裡，這裡是孩子們引頸期盼的地方，畢竟在國內鮮少有機會能夠和海豹做近距離的接觸！

鄂霍次克海豹中心和一般的海豹館不同的是，這裡的海豹們大多是受了傷，才被收留在鄂霍次克海豹中心裡進行療養的，等待身體完全康復後，牠們又會重回大海的懷抱。鄂霍次克海豹中心當初並不是以觀光目的而成立的，只是藉由海豹在此療養的機會，也開放讓民眾能夠親近海豹，進而多認識這些模樣俏皮可愛的海中朋友。

鄂霍次克海豹中心一天有 3 次餵食表演，

遊客購票進入後，必須先遵守園方的規定，用消毒水將自己的雙手洗淨，避免在接觸時將病菌傳染給海豹。在等候的同時，可以看到一隻隻圓滾滾肥嘟嘟的海豹躺在平台上，一動也不動。等到飼養員一個口令出現時，所有的海豹好似相約好的樣子，同步做出仰頭的姿勢，動作整齊到在場的遊客都直呼「好厲害啊！」

飼養員和這些海豹們朝夕相處，或許也培養出了感情，在看來每隻都長得一樣的海豹，飼養員卻都能喊出牠們的名字，而這些被點到名的海豹們，時兒擺動身軀和觀眾打招呼，時兒做出嬌羞的表情，那模樣實在惹人憐愛。

　　結束解說行程後，飼養員即開放遊客與海豹們進行近距離的接觸。請務必注意，撫摸海豹時也是有禁忌的，切勿撫摸海豹的頭部和肢體，只能在牠的背上輕輕撫摸，就像哄孩子睡覺般的輕柔觸感。其實認真端看海豹，牠們的臉龐就好像嬰孩般的可愛，無辜又帶點稚氣的眼神，真的好擔心牠們重回大海後能好好照顧自己嗎？

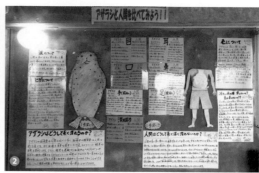

1. 海豹生活的環境　2. 海豹 vs 人類比一比

海豹餵食時間表

第一回	第二回	第三回
12:00	14:00	15:30

🔍 鄂霍次克海豹中心（オホーツクとっかりセンター）

地址	北海道紋別市海洋公園 2
電話	0158-24-8000
營業時間	10:00 ～ 16:00（年末年始營業時間請至官網查詢）
公休日	全年無休（遇天候狀況不佳時會臨時休館）

官網

年齡	適合 2 歲以上～成人
參觀時間	1 小時
嬰兒車	不適合推嬰兒車進入，建議使用揹巾

洗手間　免費停車場　雨天 ok

門票

	費用
成人	¥500
高中生以下	¥300

🚌 交通指南

從紋別巴士總站搭乘北紋巴士（往遠輕方向），於「オホーツクタワー入口」下車即抵達

北紋巴士時刻表

鄂霍次克流冰科學中心
オホーツク流氷科学センター

地圖

在北海道道東一帶（紋別、網走、知床）每到冬季流冰期間，最盛行的活動大概就是乘著破冰船出海去。而在沒有破冰船的季節來到這裡的遊客，不如就先來趟「鄂霍次克流冰科學中心」觀賞破冰船出航的影像。這裡有座圓頂視聽室，螢幕是延伸至天井的半圓形螢幕，半躺在座椅上，透過雙眼可以親身感受到乘著破冰船出海的震撼。

在鄂霍次克流冰科學中心還有一項挺酷的體驗活動，那就是走入零下 20 度的大冰庫裡體驗北海道的極地氣候。要進入嚴寒體驗室前，要先換好雪衣、雪褲、手套、雪靴、毛帽等裝備，這些裝備在體驗室裡都有，只要挑選適合自己的尺寸，著裝完畢後即可出發。體驗室的人員還不忘提醒要帶著泡泡水進入，並請大家在零下 20 度的環境裡吹泡泡，看看這些泡泡會有什麼樣的變化？體驗室內宛如就是一個超大型的冷凍庫，展示著許多被冰封的海底生物標本，牠們的表情生動並保有原來的鮮艷外表，彷彿只要冰塊融化，依舊能悠遊在海底世界似的。

1. 鄂霍次克流冰科學中心　2. 瞭望台上有座幸福之鐘　3. 走入零下 20 度的大冰庫　4. 挑選合適尺寸的保暖裝備
5. 色彩鮮艷的海底生物標本　6. 踩在流冰上的北極熊　7. 著裝完畢

鄂霍次克流冰科學中心，是一個為破冰船之旅進行行前訓練的好地方。建議帶著孩子們一同前來，不僅開闊視野，透過五感體驗及親身接觸，絕對是旅行中很棒的機會教育。

1. 每個實驗對他們來說都很新奇 2. 體驗踩在流冰上 3. 說故事時間開始囉！

🔍 鄂霍次克流冰科學中心（オホーツク流氷科学センター）

地址	北海道紋別市元紋別 11
電話	0158-23-5400
營業時間	9:00～17:00（最後入館時間 16:30）
公休日	每週一公休、國定假日、年末年始（12/29～1/3）

官網

洗手間　免費停車場　餐廳／賣店　嬰兒車友善環境　雨天 ok

年齡	適合 2 歲以上～成人
參觀時間	1 小時
嬰兒車	可推嬰兒車進入
門票	常設展示室

常設展示室

	費用
成人	￥450
高中／大學生	￥150

兩館套票（常設展示室＋ドームシアター）

	費用
成人	￥750
高中／大學生	￥250

※ 國中生以下及 65 歲以上均免費

🚃 交通指南

搭乘「北紋巴士」往遠輕方向至「オホーツクタワー入口」下車即可抵達

鄂霍次克流冰公園
オホーツク流氷公園

地圖

　北海道除了國營的「瀧野鈴蘭丘陵公園」之外，還有 11 座隸屬於北海道管轄的「道立公園」，而「鄂霍次克流冰公園」就是其中一座。北海道為了要守護都市環境、增進市民之間的情感交流，因而在各地廣設道立公園，裡面幾乎都設置了孩子們的遊樂區，有屋內遊戲室與屋外遊具設備。帶著孩子一同旅行時，一定要把它排入行程中，體驗這些免費又超適合親子共遊的道立公園。

1. 鄂霍次克流冰公園　2. 開心的笑顏　3. 超寬闊的戶外遊樂區

　　鄂霍次克流冰公園在 11 座道立公園裡，算是年紀最輕的，而且也是唯一一座面海的道立公園。這座道立公園內設立了「あおぞら交流館」，這裡時常舉辦講座、研習，提供市民一處交流的場所；除此之外，戶外還有座超大型的木製遊具場，讓這裡總是充斥著孩子們的歡笑聲。鄂霍次克流冰公園自開園以來，陸續增設許多建設，目前園區內有片種植 1 萬 7 千多株的薰衣草田、公園型高爾夫球場、體驗農場及戶外野炊區，讓鄂霍次克流冰公園的設施更加完整。

　　有機會來紋別的朋友，千萬別錯過鄂霍次克流冰公園。若是在 7～8 月的時候造訪，那時公園裡的薰衣草田正綻放，能夠在海邊看到滿滿的紫色薰衣草田，也是件無比幸福的事了。

1. 適合孩子們跑跳的場所　2. 超刺激的溜滑梯

🔍 鄂霍次克流冰公園 （オホーツク流氷公園）

地址	北海道紋別市元紋別 101
電話	0158-27-4560
營業時間	9:00～17:00
公休日	年末年始（12/29～1/3）

官網

年齡	適合 2 歲以上～成人
參觀時間	1 小時
嬰兒車	可推嬰兒車進入
門票	免費

洗手間　無障礙洗手間　免費停車場　餐廳／賣店　嬰兒車友善環境

🚋 交通指南

建議自駕

🍴 本日餐廳推薦

午餐 紋別冰海展望塔（らーめん西や）

- 址 北海道紋別市海洋公園 1
- 電 0158-24-1331
- 時 11:00 ～ 19:00（L.O18:45）
- 休 每週二
- 推 紋別鹽拉麵
- 交 從紋別巴士總站搭乘北紋巴士（往遠輕方向），
  於「オホーツクタワー入口」下車即抵達

官網

晚餐 紋別白咖哩 MARINA

- 址 北海道紋別市幸町 5-1-35
- 電 0158-26-3600
- 時 11:00 ～ 14:30（L.O 14:00）
  17:00 ～ 21:30（L.O 21:00）
- 休 無休
- 費 1,100 円起～
- 推 紋別白咖哩、五目炒麵
- 交 建議自駕

官網

地圖

1. 位於 OKHOTSK PALACE HOTEL 裡的 MARINA 餐廳　2. 紋別最有名的白咖哩　3. 超豐盛的兒童餐

177

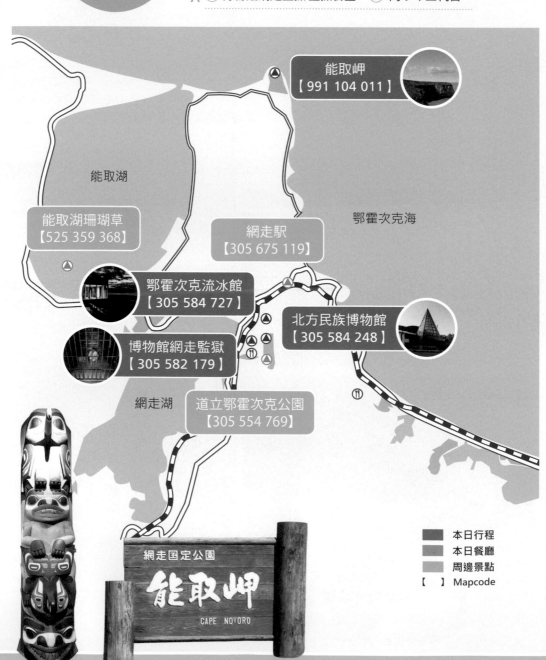

網走
一日小旅

紋別、網走、知床

📍 ⑱ 能取岬　⑱ 博物館網走監獄　⑱ 北方民族博物館
⑱ 鄂霍次克流冰館

🍴 午 博物館網走監獄 監獄食堂　晚 肉リキ三代目

能取岬
【991 104 011】

能取湖

鄂霍次克海

能取湖珊瑚草
【525 359 368】

網走駅
【305 675 119】

鄂霍次克流冰館
【305 584 727】

北方民族博物館
【305 584 248】

博物館網走監獄
【305 582 179】

網走湖

道立鄂霍次克公園
【305 554 769】

網走国定公園
能取岬
CAPE NOYORO

■ 本日行程
■ 本日餐廳
■ 周邊景點
【　】Mapcode

地圖

能取岬

「能取岬」是突出於鄂霍次克海的斷崖，前方面向鄂霍次克海，視野真的好到沒話說，天氣晴朗時還能欣賞到知床連山的景象。而佇立在岬邊有著黑白雙色外觀的「能取岬燈塔」，在藍天綠地裡顯得格外醒目。

10月份的能取岬風大到讓人無法好好走路，連從停車場走到懸崖邊都得花費一番功夫才到得了。建議來到這兒記得穿上防風外套，盡量別戴著帽子前來，否則就得在這兒上演一段追帽戲碼。冬天時，能取岬附近的鄂霍次克海面被流冰覆蓋，站在懸崖邊遠觀這難得一見的流冰奇景，是冬季來網走不能錯過的一幕。

在能取岬附近有一座「能取湖」，湖畔是珊瑚草的棲息地。每年秋天（8月下旬至10月上旬），是珊瑚草蓬勃生長的季節，這時節珊瑚草綠色的莖會漸漸轉變成紅色，將能取湖染成一片紅海，景象非常壯觀。

1. 能取岬 2. 凸出於鄂霍次克海的斷崖 3. 風大到讓人無法好好行走

🔍 能取岬

官網

地址	北海道網走市美岬
電話	0152-44-5849（網走市觀光協會）
營業時間	全年開放
公休日	無休

年齡	全年齡適合	參觀時間	1 小時
嬰兒車	有些路段不適合推嬰兒車，建議使用揹巾		
門票	免費		

洗手間　　免費停車場 Free

🚃 交通指南

從「JR 網走駛」搭乘計程車，約 20 分鐘抵達

博物館網走監獄

地圖

博物館網走監獄

「博物館網走監獄」的前身即是「網走監獄」，被公認是日本最嚴苛、最難逃獄的刑務所。而網走監獄可說是北海道開拓使時期與監獄文化緊緊相扣的一座獄所，關於這裡的故事就得戲說從頭，讓大家對於網走監獄有更深一層的認識。

明治時期的日本，結束了長達 800 多年的幕府時代，權利中心歸還到天皇手裡。在政局動盪不安的情勢之下，民心動亂，各地發生大大小小的暴動導致犯罪者與日俱增，原有的監獄已經容不下大量的囚犯。那個時期，剛好政府也想積極拓展北海道，便盤算著利用這些囚犯來開拓北海道，如此不但可以節省經費，亦能把這些重刑犯通通集中管理。而網走，北面有鄂霍次克海、南面有網走湖、

往西北方又有能取湖，以地形上來說是個不容易越獄的地方，再加上這裡的冬季酷寒，氣候嚴苛，就算逃走了也很難生存下去，拿來建造監獄是最適合不過了。

在網走監獄蓋好後，政府開始開墾北海道的道路以運送物資，於是就利用了這些囚犯當廉價勞工，日以繼夜不眠不休的進行開墾作業。那時期的囚犯沒有人權可言，就算病死、累死了也沒有人會傷心，若是企圖想逃獄的人則會當場被砍殺。據說光是開闢今日網走通往北見峠這條長達約 160 公里的「國道 39 號」，就犧牲了約 200 多名囚犯的性命，因此這條國道又有「囚犯道路」之稱。

現今網走監獄已改建成現代化建築，而目前的博物館網走監獄則是將明治時期使用的舊獄舍搬遷至天都山下，做為博物館對外開放，原汁原味的重現了當時監獄的模樣。走到紅磚正門，能立即感受到監獄散發的威嚴感，佇立在門口的「看所人」蠟像好似正要迎上前來查問身分。但可千萬別在此卻步，更多逼真的畫面還在後頭呢！

「廳舍」是網走監獄裡最重要的管理中心，這裡是典獄長的辦公室，亦是管理刑務所各個單位的辦事處。廳舍的外觀為藍、灰色牆身，屋頂上有洋式的裝飾窗，屋頂前緣則堆砌著日式風格的屋瓦，這類和洋折衷的建築物是明治時期很流行的建築工法。

「五翼放射狀獄舍」是囚禁犯人的地方。以中央監視室為中心呈五指放射狀展開，外觀形狀猶如攤開五隻手指的手掌，若是從空照圖來看這座獄所肯定更有感覺。而這樣的建築格局是為了方便獄卒管理囚犯，只要位在中心點的位置，就能一次看透五條通道的動靜。獄舍內的建築工法處處都是以提防犯人越獄而設計，像是水泥地上會再加舖一層磚頭，以預防犯人挖洞潛逃；抬頭仰望屋頂，獄舍的天井實在非

常高，要爬上去也不是件容易的事；每間獄房靠走廊的牆壁都採斜格細縫設計，主要就是讓外面的人可以看到房間內部，但房間內的人卻窺看不到外面的世界。

於舊網走監獄時代，這裡曾經關過一位傳奇囚犯「西川寅吉」，他在被送來網走監獄之前，曾經在別的監獄成功越獄6次，因而有「明治越獄王」的稱號。他曾在一次的越獄過程中，不慎踩到一個五吋釘，事後竟然負傷奮力奔跑十幾公里，雖然最終還是落得被捕的下場，但此一傳奇事蹟又讓他有了「五吋釘寅吉」的別稱。進入博物館網走監獄的大門時，在左側穿著橘色囚衣、頭戴斗笠、手持掃帚的那位蠟像，正是西川寅吉。他被關進網走監獄後，也因為年邁體力不足，便不再挑戰越獄，最後是在網走監獄服滿刑期出獄，結束了監獄人生。

1. 廳舍：明治時期流行的和洋折衷建築　2. 五翼放射狀獄舍　3. 獄所裡的獨居房　4. 監獄裡的大眾浴場　5. 古時的囚衣供遊客體驗　6. 獄所內販售的紀念品

待在博物館網走監獄裡，雖然心情有點沉重，但實際走了一遭，看清楚監獄真正的樣貌，也進而瞭解受刑人的艱困生活環境，或許會讓大家更加珍惜人生也說不定。別忘了，

離開前記得去「監獄食堂」點份監獄伙食來吃，這裡的餐點可是現今網走監獄裡真正提供給受刑人的伙食，兼具營養與美味，可是出了網走監獄就吃不到的喔！

1. 2. 獄所內販售的紀念品

🔍 博物館網走監獄

地址	北海道網走市字呼人 1-1
電話	0152-45-2411
營業時間	9:00 ～ 17:00（最終入場 16:00）
	※ 監獄食堂 11:00 ～ 14:30（L.O14:00）
公休日	12/31 及 1/1

官網

年齡	適合 3 歲以上～成人
參觀時間	1 ～ 2 小時
嬰兒車	可推嬰兒車進入

門票

	費用
成人	￥1,500
高中生	￥1,000
中小學生	￥750

 洗手間
 無障礙洗手間
 免費停車場
 餐廳／賣店

 自動販賣機
 投幣式置物櫃
 Free wifi
 尿布台

 嬰兒推車租借
 嬰兒車友善環境
 雨天 ok

🚃 交通指南

從「JR 網走駅」搭乘網走巴士「市內觀光設施めぐり」，於「博物館網走監獄」下車即抵達

網走巴士資訊

地圖

北方民族博物館

　　位於天都山山上的「北方民族博物館」，外觀是一棟 2 層樓高的建築，大門前方佇立一座玻璃帷幕的圓錐形建築，遠看像是一棵聖誕樹造景，但其實它的形狀正呼應著北方民族在雪地上的居所，同時也意謂著走入這座圓錐建築代表進入了北方民族的世界。

　　來到北方民族博物館，別擔心語言隔閡而看不懂展覽文物，館方貼心的在服務櫃檯提供中、日、英、韓四種語言的語音導覽機，免費給來訪的遊客使用，所以只要戴上這台導覽機便能輕鬆駕馭北方民族的世界。

　　博物館內又分為常設館及特展空間，常設館裡規劃成五大區塊，分門別類的介紹歐洲、亞洲、美洲及日本地區生活在北極圈一帶的北方民族。一般比較耳熟能詳的就是生活在格陵蘭的愛斯基摩人，以及生活在北海道的愛奴族，透過這些展覽模型如：生活用品、狩獵用品、服飾、手工藝品、居住房子等，能夠更加深入瞭解北方民族的生活特性，並知曉在如此惡劣的環境下，他們是如何利用有限資源而適地生存的。

1. 位於天都山上的北方民族博物館　2. 北方民族的穿著　3. 資料室　4. 祭師作法時戴的頭套　5. 雪地交通工具

這裡展出的北方物品不僅止於北海道的愛奴人，而是展列著世界各地北方民族的生活用品。每個民族都有其獨特的地方，像是愛奴人喜歡在器皿上雕刻漩渦紋路、北美印第安民族在雕刻上會大量使用人像及動物圖騰；或是同為一件防寒衣裳，可能每個民族使用的皮毛、顏色及花樣也不盡相同。

這裡也適合爸爸媽媽帶著孩子一起前來探索，或許學齡前的孩子似懂非懂，但透過影像及模型的互動，再加上父母的補充說明，肯定可以讓小孩融入北方民族的世界。

1. 愛斯基摩人居住的房子　2. 祭師作法時戴的頭套　3. 印地安民族的雕刻作品

🔍 北方民族博物館

地址	北海道網走市字潮見 309-1
電話	0152-45-3888
營業時間	9:00 ～ 16:30（7 ～ 9 月 9:00 ～ 17:00）
公休日	每週一（不定期臨時公休日，請至官網查詢）；年末年始 12/29 ～ 1/3

官網

年齡	適合 3 歲以上～成人
參觀時間	1 小時
嬰兒車	可推嬰兒車進入，也可租借嬰兒推車

門票

	費用
成人	￥550
高中生、大學生	￥200
國中生以下及 65 歲以上	免費

 洗手間　 無障礙洗手間　 免費停車場　 餐廳／賣店

 自動販賣機　 投幣式置物櫃　 嬰兒推車租借　 嬰兒車友善環境

 雨天 ok

🚃 交通指南

從「JR 網走駅」搭乘網走巴士「市內觀光設施めぐり」，於「北方民族博物館」下車即抵達

網走巴士資訊

鄂霍次克流冰館
オホーツク流氷館

地圖

1. 鄂霍次克流冰館　2. 位於一樓的觀光情報櫃檯及賣店　3. 通往流冰體感室的地下通道　4. 天都山展望台上
5. 零下15度的流冰體感室　6. 流冰體感室　7. 流冰館裡展示出許多海底生物

　　天都山上的「鄂霍次克流冰館」與紋別的「鄂霍次克流冰科學中心」相似。鄂霍次克流冰館是座以流冰為主軸的博物館，頂樓還結合「天都山展望台」，所以來到這裡除了可以欣賞流冰以及認識生活在流冰下的生物之外，還能登上展望台居高臨下，一次飽覽鄂霍次克海、能取湖、網走湖等美景。

　　鄂霍次克流冰館裡充滿著科技感，走入地下樓層即可感受到被300吋螢幕包圍的震撼。坐在座席上，從上下左右投射出來的映像好像要把座席上的遊客罩住，彷彿就坐在流冰上近距離的看著浩瀚的流冰大海，流冰上方冰凍至極，但流冰下方卻有生物自由自在的悠游著，好不真實啊！

　　披上厚重的禦寒大衣，走入零下 15 度 C 的大展示室，整個人完全被凍暈了，真的很難想像在如此惡劣的環境下究竟該如何生存？不過孩子們適應環境的能力的確厲害，他們還記得要輕甩手中的濕毛巾，感受毛巾被冰凍成冰棒的瞬間。透過這些真實的體驗，看到大自然許多不可思議的畫面，或許哪天在教科書本習得這些知識時，能回憶起自己曾經實際親身體驗過。

　　流冰館裡還能看到生活在鄂霍次克海峽裡，有著絕美外型的「流冰天使」（クリオネ），她可說是自然界中最渺小的生物之一，有著狀似人型的外觀，還帶著一雙翅膀，在水裡優游的姿態像極了天使，因此才有了「流冰天使」的美稱。有人說她是海中的幸運之神，看到她會帶來好運，愛情也會如魚得水，至於她究竟是如何誕生的？至今仍然是個謎呢！

絕美的流冰天使

🔍 鄂霍次克流冰館（オホーツク流氷館）

地址	北海道網走市天都山 244-3
電話	0152-43-5951
營業時間	夏季（5 ～ 10 月）8:30 ～ 18:00（最後入館時間 17:30） 冬季（11 ～ 4 月）9:00 ～ 16:30（最後入館時間 16:00） ※12/29 ～ 1/5 營業時間 10:00 ～ 15:00（最後入館時間 14:30）
公休日	全年無休

官網

年齡	適合 3 歲以上～成人
參觀時間	1 小時
嬰兒車	可推嬰兒車進入

門票	費用
成人	￥900
高中生	￥880
國中小生	￥770

天都山展望台：免費參觀

洗手間　無障礙洗手間　免費停車場　餐廳／賣店　自動販賣機

Free wifi　哺乳室　尿布台　嬰兒車友善環境　雨天 ok

🚃 交通指南

從「JR 網走駅」搭乘網走巴士「市內觀光設施めぐり」，
於「鄂霍次克流冰館」下車即抵達

網走巴士資訊

✕🥄 本日餐廳推薦

午餐 博物館網走監獄 監獄食堂

1. 監獄食堂　2. 監獄食堂內座位席　3. 牢飯菜單　4. 一般菜單　5. 牢飯

- 址　北海道網走市字呼人 1-1
- 電　0152-45-2411
- 時　11:00 ～ 14:30（L.O14:00）
- 休　全年無休
- 費　720 円起～
- 推　監獄食 A、炸和牛肉排定食
- 交　從「JR 網走駅」搭乘網走巴士「市內觀光設施めぐり」，於「博物館網走監獄」下車即抵達

官網

晚餐 焼肉リキ三代目

- 址　北海道網走市南 2 条西 1 丁目
- 電　0152-67-4088
- 時　17:00 ～ 22:00（週五、六延長至 23:00）
- 休　每週三（平常會有不定時公休日，行前請查詢）
- 交　建議自駕

知床
半日小旅

紋別、網走、知床

◯ 景 知床自然中心　　景 知床五湖散策

✕ 午 知床自然中心餐廳　　晚 知床テラスダイニング波音餐廳

神之水溫泉瀑布
【757 855 178】

鄂霍次克海

知床五湖
【757 730 276】

知床自然中心
【757 603 547】

知床觀光船
【894 854 435】

斜里町

知床テラスダイニング波音餐廳
【894 854 299】

知床世界遺產中心
【894 824 880】

知床峠展望台
【757 493 151】

本日行程
本日餐廳
周邊景點
【　　】 Mapcode

知床世界自然遺産
Shiretoko World Natural Heritage
知床五湖
Shiretoko Goko Lakes

知床自然中心

知床自然センター

地圖

　知床半島是北海道最珍貴的世界遺產，而在進入這塊大地祕境之前，建議先到「知床自然中心」走一趟。知床自然中心就位於國道 344 號與通往知床五湖方向的 T 字路口旁。

　知床自然中心提供了所有與知床地區有關的最新情報，因為知床半島是塊與大自然共生共存的區域，因此天候狀況或突如其來的事件都有可能會導致道路封閉或是臨時閉園。像是某天早上，我們計畫從知床橫跨知床峠前往羅臼，但一早看到飯店的告示牌寫著「從知床前往羅臼的唯一連絡道路封鎖了」，一

看到這樣的窘況時心裡著實著急，隨即前往知床自然中心詢問，才得知因為天候不佳導致山路被大霧籠罩，因此暫時關閉此路段。知床自然中心就像是個情報台一樣，所有知床地區的最新動態都能第一時間掌握，所以我們決定在這裡等候進一步的消息。約莫半小時左右，果然幸運的收到道路已開放的通知！而其他知床五湖的資訊，像當日是否有開放地上遊步道、近期是否有棕熊出沒等，知床自然中心都能掌握情資，一併公佈給遊客查詢。

1. 知床自然中心　2. 活生生的熊皮　3. 4. 知床自然中心內部

　　知床半島裡有許多是遊客們無法輕易到達的禁區，只能透過專業人士的影像記錄來窺探這座大自然的神祕寶藏。知床自然中心館內也展示了多位攝影家捕捉到的珍奇異景，映像室裡還有一座高 12 公尺、寬 20 公尺的大型螢幕，為各位遊客不定時的播放著知床的四季之美。

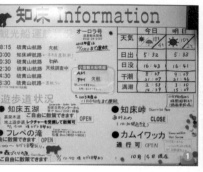

1. 知床每日的即時資訊　2. 知床五湖的最新情報　3. 知床橫斷道路臨時封閉

🔍 知床自然中心（知床自然センター）

地址	北海道斜里郡斜里町大字遠音別村字岩宇別 531
電話	0152-24-2114
營業時間	4/20 ～ 10/20：8:00 ～ 17:30、10/21 ～ 4/19：9:00 ～ 16:00
公休日	12 月每週三及年末年始

官網

🚻 洗手間　♿ 無障礙洗手間　🚗 Free 免費停車場　🍽 餐廳／賣店　自動販賣機　投幣式置物櫃　嬰兒車友善環境　☂ 雨天 ok

年齡	適合 3 歲以上～成人
參觀時間	1 小時
嬰兒車	可推嬰兒車進入
門票	免費

🚌 交通指南

從斜里巴士總站搭乘巴士知床線，於「知床自然中心」下車即抵達

斜里巴士乘車資訊

知床五湖散策

地圖

① ② ③

來到道東地區，冬天可以選擇到網走、紋別一帶觀看流冰，但春、夏、秋季則非得來「知床五湖」朝聖一番。知床五湖，有著日本最後秘境之稱，是知床八景之一，也是日本最原始的自然國家公園。而在愛奴族語裡，知床即是「大地盡頭」的意思，頂著如此多的光環與頭銜，旅人怎麼能夠錯過踏入知床五湖的機會呢！

遊知床五湖有兩種路線，其一是「高架木道」，這條步道不需預約，遊客可自由進出。長約 800 公尺的高架木道，於 2010 年完工，從地面上架起約 2 ～ 5 公尺高的高架橋，橋下還隱藏著 7,000 伏特的高壓電來避免棕熊靠近。高架木道沿途設有 3 座瞭望台，遊客在瞭望台上能看到知床群山連綿不絕的景象，

可惜的是路線的終點只能來到一湖旁邊，無法盡享二、三、四、五湖的美景。

另一條路線是「地上遊步道」，這條路線直接走進知床五湖的原生林裡，沿途能感受漫步山林的片刻寧靜，還能親眼目睹五湖的真面目。不過這裡終究是棕熊、蝦夷鹿的地盤，要進入這片原生林時，還是得遵照牠們的生活習性才能確保安全。園方針對這條路線規劃了四種不同的開放模式：

一、植生保護期（開園～ 5/9）

二、棕熊活動期（5/10 ～ 7/31）

三、植生保護期（8/1 ～ 10/20）

四、自由利用期（10/21 ～冬季閉園）

④ ⑤ ⑥

1. 知床沿路風光　2. 知床五湖遊客中心　3. 進入知床五湖必須事先預約　4. 申請書填寫　5. 安全講習
6. 講習結束後每人可獲得「進入認定證」

　　「棕熊活動期」是棕熊較常出沒的期間，在這段期間要進入知床五湖必須事先上網預約嚮導，在專人的帶領之下才能進入；「植生保護期」則不需要嚮導，但還是得事先預約，並在進入知床五湖前先接受約 10 分鐘的付費安全講習，聽完講習後才可自由進入地上遊步道。最後「自由利用期」則免費自由進入，這段期間棕熊都冬眠去了，也算是知床五湖最平靜的時候。

　　在接受知床五湖的安全講習時，解說員會說明關於棕熊的常識，比如說棕熊的習性及若是遇到棕熊時的第一時間該如何應對？也會透過圖表標示出近期遊客發現棕熊出沒的地點，提醒要進入原生林的遊客們在經過這些地方的時候，務必要提高警覺。另外，進入知床五湖最好穿著長袖及好走的球鞋，可以帶水進入，但千萬不要帶食物或是在原生林裡吃東西，這些味道都有可能會吸引棕熊的出沒。

1. 知床五湖最新情報　2. 知床半島附近經常有鹿出沒，晚上開車請務必小心留意　3. 知床五湖中面積最小的「五湖」　4. 森林與湖水交織的步道　5.「二湖」是知床五湖中面積最大的　6. 通往高架木道的單向門　7. 站上高架木道上眺望「一湖」　8. 全長 800 公尺的高架木道　9. 世界遺產知床五湖

延伸景點：神之水溫泉瀑布（カムイワッカ湯の滝）

在距離知床五湖不遠處，深藏著一處天然溫泉「神之水溫泉瀑布」（カムイワッカ湯の滝），此天然溫泉就位於知床半島道路的盡頭，因此又有「知床祕湯」之稱。特別的是，它像是座瀑布，但水源卻是來自知床半島的溫泉水，儼然就是一座綿延整條河的露天大浴場。在夏季時節，開放讓遊客可以溯溪而上，享受這座大自然祕湯的魅力。不過要特別提醒，這裡的泉水屬於強酸性的溫泉水，皮膚較敏感的朋友一定要特別留意。另外，溫泉內的岩石很滑，若要溯溪而上最好穿著專業的溯溪鞋比較安全。最後，整個知床地區都是棕熊出沒的區域，在神之水溫泉瀑布當然也不例外，所以在享受溫泉的同時也得提高警覺心才行。

要前往神之水溫泉瀑布，除了自駕前往之外，在知床地區也有接駁巴士。每年僅在夏季期間運行（2017 年運行時間：8/1 ～ 8/25），從斜里巴士總站發車，沿途會經過宇登呂巴士總站、知床自然中心、岩尾別、知床五湖，最終站為神之水溫泉瀑布（須事先向斜里巴士總站、知床自然中心購買巴士票券）。

🔍 知床五湖散策

電話	0152-24-3323
營業時間	4 月下旬～ 11 月上旬 8:00 ～ 18:30
	（每日開放依時期而定，請上官網查詢）
公休日	冬季休業（11 月上旬～ 4 月下旬）

知床五湖散步預約　　　　官網

洗手間　免費停車場　餐廳／賣店　自動販賣機　嬰兒車友善環境

年齡	適合 3 歲以上～成人
參觀時間	2 小時
嬰兒車	原始林內不適合推嬰兒車進入
門票	高架木道：免費
	地上遊步道：成人 250 円、兒童（12 歲以下）100 円
	棕熊活動期嚮導費用：2,500 ～ 5,100 円不等，視大小團而定
	自由利用期：免費

🚆 交通指南

從斜里巴士總站搭乘巴士知床線，於「知床五湖」下車即抵達

斜里巴士乘車資訊

本日餐廳推薦

午餐 **BARISTART COFFEE SHIRETOKO**

- 址 北海道斜里郡斜里町大字遠音別村字岩宇別 531（知床自然中心裡）
- 電 0152-24-2114
- 時 4/20 ～ 10/20 8:00 ～ 17:30、10/21 ～ 4/19 9:00 ～ 16:00
- 休 12 月每週三及年末年始
- 費 900 円起～
- 交 從斜里巴士總站搭乘巴士知床線，於「知床自然中心」下車即抵達

官網

晚餐 知床テラスダイニング the LIFE TABLE

1. 2. 3. 知床テラスダイニング the LIFE TABLE

- 址 北海道斜里郡斜里町ウトロ東 172
- 電 0152-24-2021
- 時 18:00 ～ 21:00（最後入場時間 20:00）
- 休 無休
- 費 飯店一泊二食方案
- 交 建議自駕

官網　　　地圖

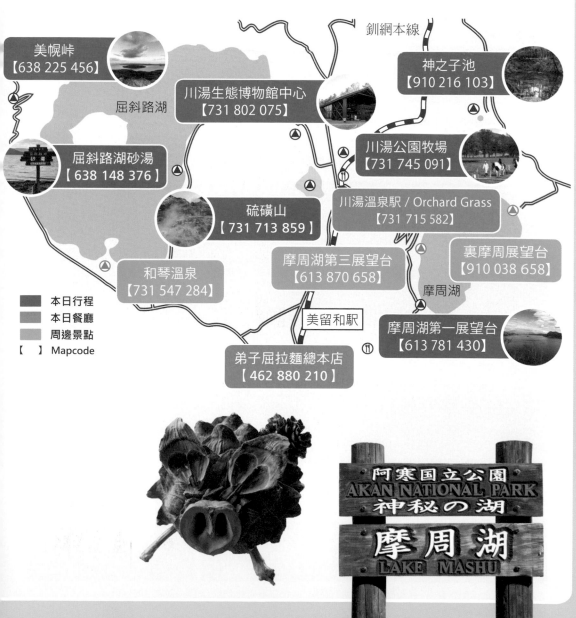

摩周湖 一日小旅

道東三湖

⊙ 景 摩周湖　景 川湯公園牧場　景 硫磺山　景 神之子池
景 川湯生態博物館中心　景 屈斜路湖砂湯　景 美幌峠

🍴 午 Orchard Grass　晚 弟子屈拉麵總本店

釧網本線

美幌峠
【638 225 456】

神之子池
【910 216 103】

川湯生態博物館中心
【731 802 075】

屈斜路湖

川湯公園牧場
【731 745 091】

屈斜路湖砂湯
【638 148 376】

川湯溫泉駅 / Orchard Grass
【731 715 582】

硫磺山
【731 713 859】

裏摩周展望台
【910 038 658】

摩周湖第三展望台
【613 870 658】

摩周湖

和琴溫泉
【731 547 284】

■ 本日行程
■ 本日餐廳
■ 周邊景點
【　】 Mapcode

美留和駅

摩周湖第一展望台
【613 781 430】

弟子屈拉麵總本店
【462 880 210】

阿寒国立公園
AKAN NATIONAL PARK
神秘の湖
摩周湖
LAKE MASHU

摩周湖

地圖

　「摩周湖」是北海道眾多湖泊中最讓人捉摸不定的一座湖，您可以用雲霧瀰漫來形容它，因為它常被霧氣籠罩，很難有機會見到它的廬山真面目；也可用靜謐深邃來讚美它，由於沒有任何河流流入或流出，它的水質透明度曾是世界排名第一。摩周湖因為受到太陽折射的影響，湖水幾乎是呈現無雜質、高清澈的藍，因而又有「摩周藍」的美名。不論是哪個稱號，都說明了這座湖泊在大家心目中是無與倫比的美麗。

　摩周湖共設有三座展望台，在湖的西南側有「第一展望台」及「第三展望台」。一般遊客最常前往的是「第一展望台」，這裡設施齊全，有廣大的停車場、土產店及公用廁所，還有一處寬廣的瞭望台。第三展望台和第一展望台相距約 3 公里，規模較小，除了簡易的廁所外並沒有其他的設施，因此來訪人數相對也較少。不過第三展望台是摩周湖三座展望台中海拔最高的，遼闊的視野讓遊客能近距離的看到摩周湖上的卡姆依修島（Kamuisshu 島），而它還有一個很可愛的別名稱為「酒窩島」。可別小看這座凸出湖面一丁點的小島，它在水面下其實是座高達 240 公尺的火山，目前僅有頂端的部分微微探出湖面，而成了大家現在看到的模樣。

1. 摩周湖上的卡姆伊修島，有人說它像一個小酒窩　2. 第三展望台步道　3. 第一展望台的停車場　4. 第一展望台瞭望台

摩周湖的第二展望台因位於第一和第三展望台的對岸，一般人習慣稱之為「裏摩周展望台」。其地理位置較為偏僻，若是從第一展望台的方向要繞湖半圈才能抵達對岸的裏摩周展望台，相當費時。再加上這裡經常因施工封閉禁止遊客進入，所以鮮少有人會特地前往。

要特別提醒的是，6～8月的摩周湖常常被雲霧籠罩，很難看到湖的全貌；另外，每年的11～4月也經常因天候關係而封閉道路，這些都是在安排行程時要特別留意的。

從第一展望台欣賞摩周湖

⌕ 摩周湖（第一展望台）

地址	北海道弟子屈町
電話	015-482-2200（摩周湖觀光協會）
營業時間	自由參觀
公休日	無休

官網

洗手間　付費停車場　餐廳／賣店　自動販賣機　嬰兒車友善環境

年齡	全年齡適合
參觀時間	1 小時
嬰兒車	可推嬰兒車進入
門票	免費（停車費 500 円，可與硫磺山停車場共用）

🚆 交通指南

從「JR 摩周駅」搭乘阿寒巴士前往「摩周湖第一展望台」，於終點站下車步行 1 分鐘抵達

阿寒巴士時刻表

197

神之子池
神の子池

地圖

位在清里町的「神之子池」，是座和「美瑛青池」一樣披著神秘面紗的池塘。相傳它的水源來自於「摩周湖」的地下水，而摩周湖正是以高透明度而聞名的火山湖，其水清澈見底，在陽光的折射之下透露出有如藍寶石般的華麗色澤。

摩周湖在北海道原住民的語言裡即是「神之湖」的意思，而神之子池的水源來自於摩周湖，故取名為「神之子池」，兩者之間就好似擁有著母親與孩子般的親密關係。近看神之子池，會發現湖水非常透明，用肉眼就能直視池底，連沉落在池底的朽木也能看得一清二楚。據說這裡的池水終年維持在 8 度 C 左右，因此池底的枯木彷彿就像化石般不會腐爛，水裡還不時能看到朱紅色斑點的魚兒悠游其中。

1. 如藍寶石般透亮的神之子池 2. 漫步山林中尋找那神秘的湖泊 3. 池水乾淨到可以直視池底

神之子池（神の子池）

地址	北海道斜里郡清里町字清泉
電話	0152-25-4111（清里町觀光協會）
營業時間	全年開放
公休日	無休
年齡	全年齡適合
參觀時間	半小時
嬰兒車	有些路段不適合推嬰兒車進入
門票	免費

洗手間　Free 免費停車場

交通指南

建議自駕

神之子池

川湯公園牧場
川湯パーク牧場

地圖

行經硫磺山的途中，赫然瞥見位於路旁的「川湯公園牧場」（川湯パーク牧場），所以臨時起意決定帶著孩子們去騎馬。

川湯公園牧場的規模頗大，而最大的賣點是可以騎著馬從川湯溫泉出發來到摩周湖畔，眺望日本首屈一指的摩周湖。途中會經過大草原、陡峭斜坡，穿越森林、花田間，邊騎著馬的同時還能欣賞沿途的自然風景，實在過癮！這樣的行程就算是初學者（小學生 6 年級以上）也可以參加，全程一人騎著一匹馬，並有專業的指導人員隨行，非常安全。

1. 川湯公園牧場 2. 馬場內騎馬繞場一圈

騎馬方案

方案	所需時間	費用（含稅）
馬場內騎馬（初學者可）	30 分鐘	￥5,500
馬場內騎馬	15 分鐘	￥2,200
馬場內騎馬	7 分鐘	￥1,100
※ 草原路線 Horse Trekking	1 小時	￥11,000
※ 摩周湖 Horse Trekking	4 小時	￥22,000 ～ 30,000

※ 須事先預約；僅限小學 6 年級以上方可參加

🔍 川湯公園牧場 （川湯パーク牧場）

地址	弟子屈町川湯硫黃山入口	電話	015-483-2723
營業時間	4 月下旬至 10 月下旬 8:00 ～ 17:00	公休日	冬季休業

官網

年齡	適合 3 歲以上～成人	參觀時間	半小時～ 1 小時
嬰兒車	可推嬰兒車進入	門票	依方案費用不同

🚌 交通指南

建議自駕

洗手間　免費停車場 Free　嬰兒車友善環境

硫磺山

硫黃山

地圖

①

夾在屈斜路湖與摩周湖之間的「硫磺山」，是座標高 512 公尺的活火山，沸騰的硫磺蒸氣直到現在仍不斷的運作著。硫磺山因持續噴出硫氣的關係，導致這裡地貧荒瘠，寸草不生，赤裸裸的模樣讓它有了「裸山」的別稱。

來到硫磺山，可以大膽的走入這片荒土，踩著帶點灰黃的土質、嗅著濃郁刺鼻的硫磺味，近距離的觀看山腹中不斷竄出白煙的大小噴氣孔。第一次這麼貼近噴氣孔，老實說心中還是有點懼怕，但在此卻能真實的感受到地球的力量，止步靜下心仔細聆聽，彷彿還能聽見地殼內層的鼓動聲呢！

雖然日本火山觀測單位評估硫磺山是座火山爆發可能性極低的活火山，但來到這兒還是得顧及安全，可別靠噴氣孔太近才是！

②

1. 從摩周湖第三展望台眺望的硫磺山全景　2. 硫磺山
3. 地貧荒瘠寸草不生的土地

③

1. 這裡的土質呈現一片灰白色 2. 不斷竄山陣陣白煙 3. 硫磺山旁的賣店

🔍 硫磺山（硫黃山）

地址	北海道川上郡弟子屈町硫磺山
電話	015-483-2670（川湯觀光案內所）
營業時間	自由參觀
公休日	冬季 11 月下旬～4 月上旬休業

年齡	適合 3 歲以上～成人
參觀時間	1 小時
嬰兒車	不適合嬰兒車進入
門票	免費（停車費 500 円，與摩周湖第一展望台共通券）

 洗手間 付費停車場 餐廳／賣店 自動販賣機

🚌 交通指南

從川湯溫泉巴士站搭乘阿寒巴士，於「硫黃山下」下車即抵達

川湯生態博物館中心
川湯エコミュージアムセンター

地圖

　　川湯溫泉是一塊被摩周湖、屈斜路湖、硫磺山包圍的溫泉地，這裡的溫泉水來自於硫磺山的酸性硫磺泉，是北海道的名湯之一，也擁有許多死忠的湯迷。在川湯溫泉地的山林間，藏匿著一間「川湯生態博物館」，館內透過大量的圖像及文字說明，讓遊客對於川湯地區的自然環境有更深一層的瞭解。而川湯生態博物館也有提供健行導覽行程，引領著遊客走入川湯溫泉的森林，一起認識這片土地（須事先提出申請，導覽時間約 20 分鐘）。

　　館內一樓的手作區放置了許多從森林裡撿拾回來的松果、樹枝等自然素材，搭配上剪刀、鋸子、熱熔膠等工具，讓孩子們能利用這些大自然的素材，發揮創意、自由創作。若是素材不夠，父母也可以帶著孩子走到博物館外，館外是片寬闊的草地，地上的落葉、枯枝，或許都能成為孩子們的創作材料。

1. 川湯生態博物館中心　2. 館內的圖像展示
3. 博物館外泛紅的楓葉

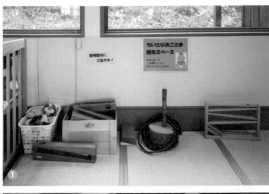

1.2. 館內的幼兒遊戲區　3. 透過解說讓我們更加瞭解這片土地　4. 由大自然的素材所創造出的擺飾品

🔍 川湯生態博物館中心（川湯エコミュージアムセンター）

地址　　北海道川上郡弟子屈町川湯溫泉 2-2-6

電話　　015-483-4100

營業時間　4 ～ 10 月 8:00 ～ 17:00、11 ～ 3 月 9:00 ～ 16:00

公休日　每週三公休（若週三是國定假日則順延一日公休）、
　　　　年末年始（12/29 ～ 1/3）
　　　　※7 月第 3 週至 8/31 無休

官網

年齡　　適合 3 歲以上～成人

參觀時間　1 小時

嬰兒車　可推嬰兒車進入

門票　　免費

 洗手間　 無障礙洗手間　 Free 免費停車場

 腳踏車租借　 嬰兒車友善環境　 雨天 ok

🚃 交通指南

從「JR 川湯溫泉駅」搭乘阿寒巴士，於「川湯エコミュージアムセンター前」下車即抵達

屈斜路湖砂湯

屈斜路湖畔の砂湯

地圖

1. 提供租船服務　2. 有著神祕「庫希」傳說的屈斜路湖　3. 挖掘私人小浴場　4. 屈斜路湖以砂湯聞名
5. 免費足湯

　　位於阿寒國立公園內的「屈斜路湖」，是日本最大的破火口湖。這座湖泊總面積約有80萬平方公里，附近有多條小河流入，亦有來自硫磺山及川湯溫泉帶有強酸性的溫泉水注入，因此屈斜路湖是座酸性湖泊，並不適合魚類生存。

　　關於屈斜路湖的奇景及傳說，總是讓旅人充滿著無限遐想。最令人驚豔的是在屈斜路湖畔的沙地上隨手挖個坑，便會湧出熱呼呼的溫泉。屈斜路湖的「砂湯」，每到夏日便會湧入大量的遊客，每個家庭都會在沙灘上挖起一坑坑的小洞，而這些小洞就成了一座座的私家小浴場，如是的畫面看起來好有趣。如果不想挖沙坑也沒關係，在沙灘旁就有座免費足湯，可以卸下鞋履享受片刻的泡腳樂趣（一旁的商店內有販售小毛巾）。

　　關於屈斜路湖的傳說，就和英國尼斯湖有著異曲同工之妙，曾經有人目睹在屈斜路湖裡出現了巨大的不明物體，當時還被報章雜誌廣為報導流傳。仿自尼斯湖水怪「尼希」（Nessie）的名字，屈斜路湖這隻不明生物名為「庫希」(Kussi)。以當時目擊者的轉述，這隻水怪外型有如大蛇，頭像隻牛，背部像駱駝一樣有著鼓起的山峰，身形非常巨大。而現今屈斜路湖畔則依照目擊者的描述，建立了一座庫希雕像，藉此帶動觀光人潮。

🔍 屈斜路湖砂湯（屈斜路湖畔の砂湯）

地址	北海道川上郡弟子屈町屈斜路湖畔砂湯
電話	015-482-2940（弟子屈町役場觀光商工課）
營業時間	全天候

官網

年齡	適合 2 歲以上～成人
參觀時間	1 小時
嬰兒車	可推嬰兒車進入
門票	免費

 洗手間　 免費停車場　 餐廳／賣店　 自動販賣機　 嬰兒車友善環境

🚋 交通指南

建議自駕

美幌峠

地圖

　「美幌峠」位於國道 243 號上，介於美幌町與弟子屈町交界處的最高點，標高約 525 公尺。從這制高點眺望屈斜路湖與硫磺山，視野非常遼闊。美幌峠設置一座道之駅「ぐるっとパノラス美幌峠」，這裡是自駕者的中途休息站，亦是眺望屈斜路湖的最佳角度。沿著步道往「美幌峠展望台」的方向走，耳邊突然飄來悠揚的樂聲，詞曲是已故日本歌手美空雲雀所演唱的美幌峠（歌名），如今美空雲雀已離去，在此地則豎立一座歌碑以茲紀念。

　道之駅「ぐるっとパノラス美幌峠」，一樓是賣店，二樓是休憩室及展望室，提供遊客一處舒適又能欣賞風景的中途休息所。來到這兒，在觀賞美景之餘別忘了嚐嚐當地美食，裹著厚厚一層麵衣的炸馬鈴薯及熊笹冰淇淋都是這裡的名物，絕對不要錯過喔（熊笹是一種植物，在日本被廣泛當成食材使用，據說對糖尿病、感冒、腸胃病、高血壓都有助益）！

1. 眺望屈斜路湖的絕佳地點　2. 道之駅ぐるっとパノラス美幌峠　3. 通往美幌峠展望台的步道　4. 隨手一拍都是美景

美幌峠

地址	北海道網走郡美幌町字古梅
電話	0152-77-6001
營業時間	4 月下旬～ 10 月 9:00 ～ 18:00
	11 月～ 4 月下旬 9:00 ～ 17:00
公休日	年末年始（12/25~1/3）

官網

年齡	全年齡適合	參觀時間	1 小時
嬰兒車	可推嬰兒車進入	門票	免費

洗手間　無障礙洗手間　Free 免費停車場　餐廳／賣店

自動販賣機　尿布台　嬰兒車友善環境

🚃 交通指南

建議自駕

207

🍴 本日餐廳推薦

午餐 Orchard Grass（川湯溫泉駅內）

📍 北海道川上郡弟子屈町川湯駅前 1-1-18
📞 015-483-3787
🕐 10:00 ～ 16:00
🛏 每週二
💰 750 円起～
👍 燉牛肉
🚗 JR 川湯溫泉駅內

地圖

晚餐 弟子屈拉麵總本店

📍 北海道川上郡弟子屈町摩周 1-1-18
📞 015-482-5511
🕐 11:00 ～ 20:00
🛏 1/1
💰 900 円起～
👍 弟子屈味噌拉麵
🚗 建議自駕

官網

地圖

從摩周湖第三展望台遠眺硫磺山與後方的屈斜路湖

阿寒湖
半日小旅

道東三湖

○ 景 阿寒湖　　景 遠內多湖（オンネトー湖）

✕ 午 奈辺久　　晚 民藝喫茶 Poronno

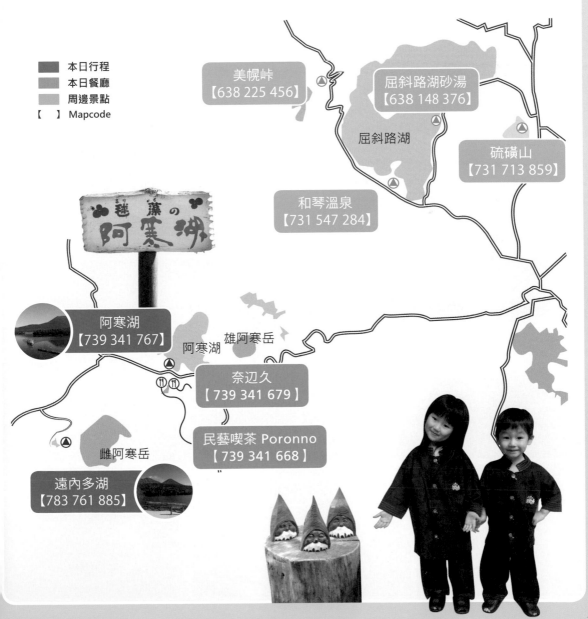

本日行程
本日餐廳
周邊景點
【　】Mapcode

美幌峠
【638 225 456】

屈斜路湖砂湯
【638 148 376】

屈斜路湖

硫磺山
【731 713 859】

和琴溫泉
【731 547 284】

阿寒湖
【739 341 767】

雄阿寒岳
阿寒湖

奈辺久
【739 341 679】

民藝喫茶 Poronno
【739 341 668】

雌阿寒岳

遠內多湖
【783 761 885】

阿寒湖

地圖

　　走訪道東，會感覺這裡彷彿是神的境地，每座自然景觀都充滿著不可思議的現象，甚至有些自然奇觀連真正形成的原因也不得而知，就只能姑且相信它們是集日本眾神的力量所造成的。「阿寒湖」和道東另兩座湖泊（摩周湖與屈斜路湖）一樣，瀰漫著一股靜謐的神秘感。

　　阿寒湖是天然記念物「綠球藻」的生長地，世界上僅有在少數幾座高緯度的湖泊中發現過其身影。它是一種淡水性的綠藻，雖然外觀上看起來是個球狀單體，但其實是由無數條細絲狀的綠藻組合而成的。據說是靠著湖泊中微弱的水流活動，慢慢的翻滾成一顆外觀狀似毛線球的個體，因此就算把綠球藻撕開也不會死掉。綠球藻僅能生長在淡水中，能耐低溫也能在黑暗中成長，但綠球藻的成長期非常長，要長到顆像棒球般大小據說得歷經上百年的光陰。

　　如今阿寒湖底棲息的綠球藻非常完整，你可以搭上觀光汽船，來到位於阿寒湖中央的チュウルイ島，島上的「綠球藻展示觀察中心」可以看到超巨大的綠球藻。據推測，這裡最大顆的綠球藻應該也有數百年的壽命了。

　　每年的 12 月下旬至隔年的 4 月，阿寒湖都處於結冰的狀態，冰層厚度大約會有 70 公分左右。在結冰期間，觀光汽船會停駛，此時湖面會舉辦大大小小的冰上活動，例如冰上垂釣、冰上摩托車、滑冰等，若是有機會在酷寒的 2 月來到阿寒湖，千萬別錯過這一年一度的「冰上嘉年華會」。而每年 9 月至 10 月的「千本火炬」（千本タイマツ）祭典，則是向愛奴民族的火神及北方大地致敬的傳統活動。祭典期間，民眾可以舉著火把從阿寒湖遊街走至愛奴村，體驗愛奴族的傳統文化。

1. 阿寒湖　2. 超寧靜的湖面　3. 汽船月台上　4. 搭乘觀光汽船出發囉　5. 觀光汽船室內一隅

1. 前往阿寒湖中央的チュウルイ島　2. 綠球藻展示觀察中心　3. 歷經好幾百年的巨大綠球藻

阿寒觀光汽船乘船資訊

	成人	兒童
遊船一周 18 公里 （含綠球藻展示觀察中心共需 85 分鐘）	￥2,400	￥1,240

時刻表

	1	2	3	4	5	6	7	8
4/15 ～ 4/30			不定期運行，請至官網查詢					
5/1 ～ 6/30	8:00	9:00	10:00	11:00	13:00	14:00	15:00	16:00
7/1 ～ 9/3	8:00	9:00	10:00	11:00	13:00	14:00	15:00	16:00
10/1 ～ 10/20	8:00	9:00	10:00	11:00	13:00	14:00	15:00	16:00
10/21 ～ 11/10	8:00	9:00	10:00	11:00	13:00	14:00	15:00	-
11/11 ～ 11/30	-	9:00	-	11:00	13:00	-	15:00	-

🔍 阿寒湖

地址	北海道釧路市阿寒町阿寒湖溫泉 2-6-20
電話	0154-67-3200
營業時間	自由參觀
公休日	無休

阿寒觀光汽船官網

年齡	全年齡適合
參觀時間	2 ～ 3 小時
嬰兒車	可推嬰兒車進入
門票	免費

🍴 餐廳／賣店　　🎰 自動販賣機　　📍 嬰兒車友善環境

🚃 交通指南

從「JR 釧路駅」搭乘阿寒巴士，於「阿寒湖溫泉」下車即抵達

遠內多湖
オンネトー湖

地圖

1. 秋天的遠內多湖最美　2. 洗手間旁是通往展望台的小徑，距離約 800 公尺

位在足寄町的「遠內多湖」，名氣或許沒有摩周湖來的響亮、沒有阿寒湖來的有人潮、也沒有屈斜路湖來的有話題性，但卻是日本三大祕湖之一，亦是「日本百選祕境」裡的成員。遠內多湖是雌阿寒岳火山爆發後形成的堰塞湖，而周圍被茂密的原始林包圍，故有了祕湖的稱號。

凡事只要有個「祕」字加持，總是會特別的吸引人，說什麼也想要來一探其廬山真面目。遠內多湖四周環繞著雌阿寒岳，遠方則有阿寒富士坐鎮，湖面據說會隨著時間及季節而呈現出不同色澤的變化，因此又有了「五色沼」的別稱。從展望台的這方望出去，漸層的綠從湖面蔓延至原始林再延伸到阿寒富士。秋天，雌阿寒岳染上楓紅，是遠內多湖顏色最豐富的季節，有紅、有橘、有黃、有綠又有藍，美麗至極。

🔍 遠內多湖（オンネトー湖）

電話	0156-25-6131（足寄町觀光協會）
公休日	無休

官網

年齡	全年齡適合	參觀時間	1 小時
嬰兒車	可推嬰兒車進入	門票	免費

 洗手間　 免費停車場　 嬰兒車友善環境

🚌 交通指南

建議自駕

本日餐廳推薦

午餐 奈辺久

- 址 北海道釧路市阿寒町阿寒湖溫泉 4-4-1
- 電 0154-67-2607
- 時 11:00 ～ 15:00
- 休 不定休
- 費 750 円起～
- 推 わかさぎ天丼
- 交 從「JR 釧路駅」搭乘阿寒巴士於「阿寒湖巴士總站」下車，步行約 10 分鐘抵達

地圖

晚餐 民藝喫茶 Poronno

- 址 北海道釧路市阿寒町阿寒湖溫泉 4-7-8
- 電 0154-67-2159
- 時 5 ～ 10 月 12:00 ～ 21:30

  11 ～ 4 月 12:30 ～ 20:30（冬季請事先預約）
- 休 不定休
- 費 1,000 円起～
- 推 馬鈴薯烤餅、鹿肉丼飯
- 交 從「JR 釧路駅」搭乘阿寒巴士於「阿寒湖巴士總站」下車，步行約 10 分鐘抵達

官網　　　　　地圖

日本三大祕湖：遠內多湖

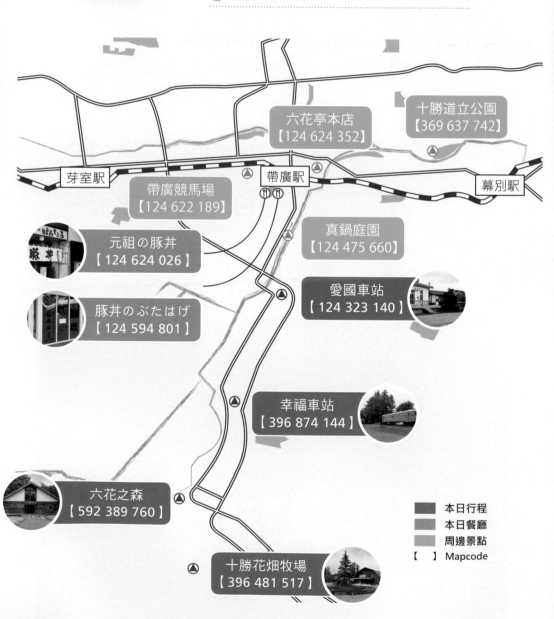

帶廣 一日小旅

帶廣周邊

📍 ⑱ 愛國車站　　⑱ 幸福車站　　⑱ 六花之森
⑱ 十勝花畑牧場

🍴 ⑭ 六花之森はまなし　　⑲ 元祖の豚丼ぱんちょう
⑲ 豚丼のぶたはげ

六花亭本店
【124 624 352】

十勝道立公園
【369 637 742】

芽室駅　　帶廣駅　　幕別駅

帶廣競馬場
【124 622 189】

真鍋庭園
【124 475 660】

元祖の豚丼
【124 624 026】

愛國車站
【124 323 140】

豚丼のぶたはげ
【124 594 801】

幸福車站
【396 874 144】

六花之森
【592 389 760】

十勝花畑牧場
【396 481 517】

本日行程
本日餐廳
周邊景點
【　】 Mapcode

愛國車站

愛国駅

地圖

　愛國車站如果用字面的意義來解讀，和浪漫似乎一點也牽扯不上關係。但如果換個角度來揣摩其意義，解釋成「愛之國度」，此時再搭配上鄰近的「幸福車站」，不就正意謂著「從愛之國度走向幸福」的意思。也因為有著這層祝福的意味，愛國車站與幸福車站一直是戀人們爭相造訪的地方。

1. 停在月台旁的 SL9600 蒸汽火車頭　2.「從愛之國度走向幸福」的紀念車票　3. 廢站前最後一班 832 列車　4. 牆上貼滿祝福話語的紙條及車票

愛國車站內一隅

　　愛國車站與幸福車站在過去是日本國鐵的重要車站，1987 年隨著廣尾線的廢除，這兩座車站也面臨了被廢站的命運。廢站後站方將這兩站的候車室、月台及部分鐵軌保存下來，以茲紀念。

相較於幸福車站，愛國車站顯得較為冷清些，車站周邊沒有任何商店，只有一台 SL9600 蒸汽火車頭停靠在月台旁邊（SL：Steam Locomotive 是蒸汽火車的英文縮寫），從看板上得知，這台 SL9600 蒸汽火車從服役到退役一共行駛了 2,216,098 公里，相當於繞地球 55 圈半的距離，真是太令人佩服了。

🔍 愛國車站（愛国駅）

地址	北海道帶廣市愛國町
營業時間	全天候開放
公休日	無休

年齡	全年齡適合
參觀時間	半小時
嬰兒車	可推嬰兒車進入
門票	免費

洗手間

Free
免費停車場

自動販賣機

嬰兒車友善環境

🚋 交通指南
從「JR 帶廣駅」的巴士總站搭乘「廣尾線 60」，於「愛國站」下車即抵達

十勝巴士

幸福車站

幸福駅

地圖

雖然現在已經無緣搭上這班從愛國開向幸福的列車,但如果開著車一路從愛國車站駛向「幸福車站」,大概也算是另一種「從愛之國度走向幸福」的表現吧!

幸福車站的浪漫氛圍比起愛國車站要來的濃厚些,車站的候車室裡貼滿了來自世界各地旅客的祈願車票,就連建築物外的老牆上也不放過。老實說乍看到這一幕景象時,還一度以為這間候車室是個許願箱,只要把願望懸掛上去,幸福之神就會為你做主將願望實現?

幸福車站內有幾間攤販販售著「愛國→幸福」的紀念車票,周邊商品從鑰匙圈、御守、木製吊飾應有盡有,來到這兒的遊客說什麼也會挑張紀念車票留念。不論是放在皮夾或包包裡,只要當成是護身符般的保存好,感覺幸福之神就會一直圍繞在身旁,帶來好運。

1. 像個許願箱的幸福車站 2. 幸福車站內的紀念品賣店 3. 貼滿來自世界各地的祈願車票 4. 幸福車站 5. 列車長帽供旅客拍照留念

1. 停靠在軌道上的列車　2. 懷舊復古的車廂座椅　3. 在訪客留言本上寫下祝福話語

🔍 幸福車站（幸福駅）

地址	北海道帶廣市幸福町東 1 線
營業時間	全天候開放
公休日	無休

 洗手間　 免費停車場 Free　 餐廳／賣店　 自動販賣機　 Free wifi WI-FI　 嬰兒車友善環境

年齡	全年齡適合
參觀時間	半小時
嬰兒車	可推嬰兒車進入
門票	免費

🚌 交通指南

從「JR 帶廣駅」的巴士總站搭乘「廣尾線 60」，於「幸福站」下車即抵達

十勝巴士

地圖

六花之森
六花の森

北海道的「六花亭」不用多做贅述，應該很多人都是它的忠實粉絲。六花亭在北海道各大城市都設有店舖，像是座落在帶廣市區的帶廣本店、或是小樽老街上的小樽運河店、函館的五稜郭店等，每間店的建築都有其獨特風格，也分別展現出與眾不同之處。

位在帶廣的中札內村，有座占地 10 公頃的森林花園，正是六花亭經營的「六花之森」。森林裡栽種著包裝紙上出現的花花草草，每年的夏秋之際，是森林最美麗的時刻。由蝦夷竜胆、麒麟草、釣鐘人參、數萱草、赤麻、桔梗、糊空木、蝦夷鳥兜、大疼取、溝蕎麥等十種花草所構成的森林步道，讓人踱步其中，心情好輕盈、好愉悅。

森林裡分散座落著幾棟建築物，其中很重要的一棟小木屋「坂本直行紀念館」，是為了紀念畫出六花亭包裝紙上美麗花卉的畫家：坂本直行所設立。大家有收集六花亭紙袋的癖好嗎？這些充滿著花花草草的紙袋，感覺是個可以帶給人好心情的療癒小物。而森林裡我最喜歡的就是「花卉包裝紙館」，一踏進屋內彷彿栽進包裝紙裡，四面牆壁完全貼滿「十勝六花」的包裝紙，看了好不過癮啊！

1. 位於中札內村的六花之森　2. 這座森林好適合踱步其中　3. 坂本直行紀念館　4. サイロ五十周年紀念館　5. 牆上貼著兒童詩誌「サイロ」第 1 期到第 600 期的封面

走到森林的盡頭，會發現一幢明亮几淨的建築物，是六花亭的賣店「はまなし」，在這裡除了可以採買伴手禮、紀念品外，若有時間還可以用餐。坐在落地窗前望著窗外綠意盎然的自然美景，不禁深深省思日本人經營品牌的理念與用心，他們總是能夠無私的回饋給地球，也成就了眼前這座令人驚艷的森林花園。

1. 充滿綠意的六花之森　2. 窗明几淨的六花亭賣店「はまなし」

🔍 六花之森（六花の森）

地址	北海道河西郡中札內村常盤西 3 線 249-6
電話	0155-63-1000
營業時間	開館期間 (4/20 ～ 10/27) 10:00 ～ 16:00
	商店 10:30 ～ 16:00
	咖啡廳 11:00 ～ 16:00（L.O15:30）
公休日	冬季休業（10 月中旬至翌年 4 月下旬）

官網

年齡	全年齡適合
參觀時間	1 ～ 2 小時
嬰兒車	園區木屑地居多，不適合推嬰兒車進入，建議使用揹巾

洗手間　免費停車場　餐廳／賣店

門票

	費用
成人	￥1,000
中小學生	￥500

🚃 交通指南

建議自駕

十勝花畑牧場

地圖

1. 十勝花畑牧場 2. 花畑牧場生牛奶糖 3. 圓滾滾的起司乳酪 4. 生牛奶糖果醬

　　帶廣可謂是螞蟻人的天堂！來到這兒有品嚐不完的甜食，而且每一間店舖都是出了名的有人氣，就連不愛甜食的人也都會破例嚐個幾口。「花畑牧場」是日本藝人：田中義剛所創立，大家對這個名字可能有點陌生，但如果提起他曾是日本節目「電視冠軍」的主持人，可能會發出「哦～」的聲音，但他怎麼會跟花畑牧場有關係呢？

　　其實，田中義剛在大學時期主修的是農畜相關科系，求學期間一次訪問北海道日高牧場之後，他許下心願希望有朝一日能有一座自己的牧場。爾後進入演藝圈掙了點錢，他沒有忘記初衷，於 1994 年在十勝地區買一塊地，實現他的夢想。在牧場除了養豬養牛之外，他也開始發展其他的副業，販售起司、乳製商品，最後成功研發出生牛奶糖，成為北海道家喻戶曉的人氣商品。

十勝的花畑牧場除了賣店之外，還有幾座見學工場供遊客自由參觀。走進「起司博物館」，熟成室的櫃子上井然有序的擺放著一個個起司，這可都得經過好幾個月的熟成發酵，才能送到顧客手中；再走進「生牛奶糖工場」，廚師們正在製作生牛奶糖，隔著玻璃窗看他們不停的攪拌銅鍋內的液體，從乳白色攪拌成焦糖色，一刻都不能鬆懈。小孩則是看得目瞪口呆，心想著原來他們口中吃的生牛奶糖是這樣製作而成的，腦袋瓜裡肯定對這幕製作過程有了深刻的印象。

牧場裡也規劃了「遊具區」及「小型動物園」，讓孩子們可以在此消磨時間，度過美好又愉悅的午後。

1. 生牛奶糖製作中　2. 起司熟成室　3. 圓滾滾起司乳酪熟成室

🔍 十勝花畑牧場

地址	北海道河西郡中札內村元札內東 4 線 311-6
電話	011-375-9853
營業時間	10:00 ～ 16:00
公休日	冬季休業（11 月上旬至翌年 4 月下旬） ※ 詳細開業時間請參照官網公告

官網

年齡	全年齡適合
參觀時間	1 小時
嬰兒車	可推嬰兒車進入
門票	免費

洗手間　免費停車場　餐廳／賣店　嬰兒車友善環境　雨天 ok

🚃 交通指南

建議自駕

午餐 六花之森はまなし

①

②

③

1. はまなし超棒的用餐環境
2. 這裡的點餐方式採半自助，餐點要自己拿取　3. 豚丼套餐

- 址　北海道河西郡中札內村常盤西 3 線 249-6
- 電　0155-63-1000
- 時　4/26 ～ 5/31、9/1 ～ 9/23：10:30 ～ 17:00（最後點餐 16:30）
  6/1 ～ 8/31：10:00 ～ 17:00（最後點餐 16:30）
  9/24 ～ 10/20：10:30 ～ 16:00（最後點餐 15:30）
- 休　冬季公休（10 中旬至翌年 4 月下旬）
- 費　880 円起～
- 推　野菜咖哩套餐、豚丼套餐
- 交　建議自駕

官網

晚餐 1 元祖の豚丼ぱんちょう

- 址　北海道帶廣市西一条南 11-19
- 電　0155-23-4871
- 時　11:00 ～ 19:00
- 休　每週一及第一週、第三週的週二
- 費　1,000 円起～
- 推　豚丼
- 交　從 JR 帶廣駅步行約 3 分鐘抵達

1. 元祖の豚丼ぱんちょう　2. 帶廣名物：豚丼

②①

地圖

晚餐 2 豚丼のぶたはげ

位於 JR 帶廣駅內的豚丼のぶたはげ

- 址　北海道帶廣市西 2 条南 12-9（JR 帶廣駅）
- 電　0155-24-9822
- 時　9:00 ～ 19:40（L.O 19:15）
- 休　每月第三個週三
- 費　850 円起～
- 推　豚丼
- 交　JR 帶廣駅エスタ帶廣西館

官網

地圖

帶廣特輯

帶廣競馬場

帶広競馬場

地圖

　　帶廣競馬場和一般所認知的賽馬不一樣，它是世界上唯一僅存的「拖曳競馬」，拖曳馬必須載著重達幾百公斤貨物的鐵雪橇，騎師們則站在鐵雪橇上操控馬匹，進行一場激烈的競速比賽。就算不懂賽馬，看到如此士氣沸騰的畫面，也一定能立刻融入這場激烈競賽的氛圍裡。通常比賽都固定在每週六、日、一舉行，只要是有比賽的日子，競馬場內可是擠滿了熙來攘往的老客人。

　　在競馬場旁，有一處小小的「友誼動物園」（ふれあい動物園），對孩子們來說，這些小動物比賽馬還要來的有趣多了。抵達時碰巧遇上一群來這兒戶外教學的幼兒園小朋友，我們就跟在他們身後，一起進入了這座超迷你的動物園。這裡的馬、羊、兔子都吃胡蘿蔔，可以和店家買杯胡蘿蔔條，放手讓孩子們去餵食。有趣的是，兔子們不知道是吃太飽還是睡意太重，胡蘿蔔完全引不起牠們的食慾，讓這群孩子一直對著兔子們呼喚「快點起床」、「吃飯囉」，引來一陣嬉鬧笑聲。

　　在競馬場前還有座「十勝村」（とかちむら）市場，專門販售著十勝地區的名產及產地直送的新鮮蔬果。許多當地人來這裡觀看賽馬，回程時還能順道買個菜，真的是挺方便的。

1. 帶廣競馬場　2. 帶廣競馬場內的下注機　3. 小巧的友誼動物園　4. 店家有販售胡蘿蔔　5. 十勝村（とかちむら）

馬之資料館

　　帶廣競馬場旁的「馬之資料館」，是一座展示著「農耕馬」的資料館。北海道在開拓使時期是以馬取代牛來替農田耕作，資料館內就陳列了許多馬蹄鐵、馬鞍及農耕時會使用到的配備。農耕馬的體積比一般純種馬大上 2 倍之多，現在在帶廣競馬場內的賽馬就是農耕馬，也因為擁有這龐大的體積及噸位，才能勝任拖曳賽馬的比賽工作。

1. 馬之資料館　2. 展示著農耕馬耕田的道具　3. 農耕馬耕作時的景象

🔍 **帶廣競馬場**（带広競馬場）

地址	北海道带廣市西 13 条南 9
電話	0155-34-0825
營業時間	夏季 13:10 ～ 20:30；冬季 10:00 ～ 17:30
	（通常只在每週六、日、一舉辦比賽）

官網　　　　　十勝巴士

洗手間　無障礙洗手間　免費停車場　餐廳／賣店　自動販賣機　嬰兒車友善環境　雨天 ok

年齡	全年齡適合
參觀時間	1 小時
嬰兒車	可推嬰兒車進入
門票	免費

🚃 **交通指南**

從「JR 帶廣駅」的巴士總站搭乘十勝巴士「10 路」或「17 路」，於「競馬場」下車即抵達

帶廣特輯

十勝道立公園
十勝エコロジーパーク

地圖

佔地超寬廣的十勝道立公園

　北海道因地廣人稀，自然資源豐富，因此日本政府在北海道各地共闢建了 11 座超大型的道立公園供民眾休憩。這些公園的規模都大得驚人，在公園內能從事各式各樣的活動，如露營、野炊、健行等等，甚至也有親子共樂的室內遊樂場及戶外大型遊具場。

　看著「十勝道立公園」的平面地圖，會被其占地面積給嚇得目瞪口呆，總共橫跨了三個小鎮「音更町」、「池田町」及「幕別町」。公園內規劃了露營區、小木屋、親水園區、烤肉區、戶外遊具區、室內遊樂區及魚道觀察室，想逛逛公園的朋友也可以向園方租借腳踏車，輕輕鬆鬆的漫遊在這座生機蓬勃的道立公園裡。

　最近台灣捲起了一陣露營風潮，許多家庭開始帶著孩子們投入露營的行列，回歸到最原始的生活模式，在小溪撈魚、在野外尋找不知名的昆蟲，在完全沒有 3C 干擾的環境裡，獲得最平靜最踏實的生活。在北海道，露營是很普遍的家庭活動，這裡營地廣闊，有豐富的大自然景觀讓孩子們去探索，所以每到週末假日，都會搭起一帳又一帳的帳篷，這宛如已經成為他們日常生活的一部份了。喜歡露營的朋友，下次不妨可以挑戰來北海道露營，肯定會是很難忘的回憶。

1. 室內遊樂場　2. 戶外戲水區　3. 大人小孩都
愛的彈跳床　4. 園區也能租借腳踏車
5. 6. 賣店裡販售簡單的餐點

🔍 十勝道立公園（十勝エコロジーパーク）

地址	北海道河東郡音更町十勝川温泉南 18-1
電話	0155-32-6780
營業時間	9:00 ～ 17:00
公休日	12/29 ～ 1/3

官網

年齡	全年齡適合
參觀時間	1 ～ 2 小時
嬰兒車	可推嬰兒車進入
門票	免費（露營區要付費）

洗手間　無障礙洗手間　免費停車場 Free　餐廳／賣店　自動販賣機

腳踏車租借　哺乳室　尿布台　嬰兒車友善環境　雨天 ok

🚃 交通指南

建議自駕

函館
一日小旅
1

函館、登別

📍 景 函館朝市　景 摩周丸　景 金森紅磚倉庫群　景 元町
景 函館山展望台

🍴 午 小丑漢堡灣區本店 （ラッキーピエロ ベイエリア本店）
晚 函館山 Genova 餐廳　晚 函館啤酒館（HAKODATEBEER）

摩周丸
【86 072 394】

函館朝市
【86 072 314】

金森紅磚倉庫群
【86 041 553】

函館啤酒館
【86 041 809】

元町
【86 040 527】

小丑漢堡灣區本店
【86 041 516】

八幡坂通
【86 040 324】

函館山纜車山麓站
【86 041 033】

函館山 Genova 餐廳
【86 009 687】

函館公園
【86 011 281】

函館市電

函館山纜車

函館駅

本日行程
本日餐廳
周邊景點
【　】 Mapcode

228

函館朝市

地圖

1

JR 函館駅旁的「函館朝市」，以販售新鮮海產聞名。這座朝市打從清晨開市後客人就絡繹不絕，許多當地人一大早就特地趕來採買新鮮魚貨，而觀光客也魚貫來此大啖海鮮。

函館朝市除了生食之外，還有非常多種類的熟食可供選擇。走在市場，空氣中不斷飄來烤魚、烤透抽、烤扇貝的香氣，聞到那股鮮味真的會不自覺得迎上前排隊。

函館朝市旁的「どんぶり横丁市場」裡聚集了許多家小店，每間店舖在門口的櫥窗內都展示著誘人的料理模型，仔細一瞧可以發現這有很多熟食的餐點可供選擇，有烤魚、天婦羅定食、拉麵等，讓你看得眼花撩亂，不知該如何抉擇！其中有部分店家還營業到下午 5 點，若是一大清早起不來，中午時段還是有機會能吃到美味的海鮮大餐！

2

3

1. 函館朝市　2. 3. 新鮮水產

1. 每家水產店前都祭出最出色的海鮮吸引遊客目光 2. 函館朝市內有活釣烏賊的體驗，可以帶著孩子來玩玩看！
3. 藏身在函館朝市內，函館唯一的大國藥妝店

🔍 函館朝市

地址	北海道函館市若松町 9-19
電話	0138-22-7981
營業時間	1 ～ 4 月 6:00 ～ 14:00（依每間店舖而異）
	5 ～ 12 月 5:00 ～ 14:00（依每間店舖而異）
公休日	無休（依每間店舖而異）

官網

年齡	全年齡適合
參觀時間	1 ～ 2 小時
嬰兒車	可推嬰兒車進入
門票	免費

洗手間　付費停車場　餐廳／賣店　自動販賣機

Free wifi　嬰兒車友善環境　雨天 ok

🚍 交通指南

從「JR 函館駅」步行 2 分鐘可抵達

摩周丸

地圖

　早期日本本州島和北海道還尚未有鐵道接通之前，只能靠著「青函連絡船」連結津輕海峽兩岸，擔負起運送旅客及物資的重責大任。這樣的運送模式從日本明治時代持續到昭和年代，直到青函隧道開通，青函連絡船才在 1988 年 3 月功臣身退，結束了長達 80 年的海上運輸工作。

　青函連絡船的船舶有好幾艘，在 1988 年停航之後大部分的船隻便被賣至世界各地，只留下了「摩周丸」停靠在函館港灣，目前將之規劃成「青函連絡記念館」對外開放。摩周丸長 132 公尺，可搭載 1,200 名旅客及 48 台貨車，載運量非常驚人。

　青函連絡船素有「海之鐵路」之稱，在每台青函連絡船的下層是用來搭載鐵路貨櫃的。早期這些貨物列車從碼頭沿著舖設好的鐵軌，一列列的送進船舶裡，連絡船扮演著鐵道接軌的角色，透過這樣的方式將物資運送到對岸。目前摩周丸上裝載貨物列車的甲板沒有對外開放，只能透過館內的展示圖片來了解這幕景象。

1. 停靠在函館灣的摩周丸　2. 甲板上的風景　3. 透過模型可以看到每個年代行駛於津輕海峽的青函連絡船
4. 船上展示許多青函連絡船的歷史圖資

走到船隻最前端的「展望操舵室」，這裡是船長掌舵的重要位置，抵達這天很幸運的遇見摩周丸內有身穿船長服的導覽員，他們似乎都是退役的航海士，不定時的在摩周丸上當起義工人員，為來訪的遊客講解過往青函連絡船的豐功偉業。聽他們講述著摩周丸的故事，就好像在述說自己當年在海上如何生活的過往回憶。

這些義工人員大部分都是爺爺的年紀，很大方的和孩子們分享著操舵室的操控器材，讓他們接接電話互聽彼此的聲音、操控著偌大的方向盤、實際按住汽笛鳴聲按鈕，還真的會發出「叭叭叭」的聲響呢！看著看著，覺得眼前的畫面就好像爺孫在玩耍般的溫馨、有趣呢！

1. 忙碌工作的小小通訊兵　2. 好幸運能與船長導覽員們合照　3. 船上有個幼童休憩區，孩子可以在此玩木製玩具及看書

🔍 摩周丸

地址	北海道函館市若松町 12 番地先
電話	0138-27-2500
營業時間	4 ～ 10 月 8:30 ～ 18:00（最後入館時間 17:00） 11 ～ 3 月 9:00 ～ 17:00（最後入館時間 16:00）
公休日	4 月第二個週一至週五公休（船舶檢查） 臨時休館（修繕工事）、12/31 及 1/1 ～ 1/3

官網

年齡	適合 2 歲以上～成人
參觀時間	1 小時
嬰兒車	不適合推嬰兒車進入，建議使用揹巾

門票	費用
成人	￥500
兒童、學生	￥250
6 歲以下	免費

洗手間　無障礙洗手間　Pay 付費停車場　餐廳／賣店　雨天 ok

🚃 交通指南

從「JR 函館駅」步行約 4 分鐘可抵達

金森紅磚倉庫群

金森赤レンガ倉庫群

地圖

　函館是日本最早對外通商的城市之一，也因此某些地區還保留了許多洋味的建築，而正對著函館灣的這一整列「金森紅磚倉庫群」，是這座港灣城市的歷史見證之一。「金森紅磚倉庫」從明治時期金森洋物店開業以來，距今也有百年的歷史了，早期函館與國外進行海上貿易的時候，這裡一度扮演著倉庫的角色。而如今一幢幢的倉庫都改建成購物商場、餐廳、啤酒館，儼然成為熱門的人氣觀光景點。而唯一不變的是，在紅磚建築物上頭的「森」字，這是當時金森洋物店的商標，至今仍被完好的保存著。

　金森紅磚倉庫群一共分成三個區塊「金森洋物館」、「函館歷史廣場」、「BAY HOKODATE」，每一棟都各有其特色。BAY HOKODATE 是由兩幢紅煉瓦建築物及中間的一條運河所構成，走到面對著函館灣的那一側，還能看到充滿綠意的藤蔓佈滿整面紅磚瓦牆，是這幾棟紅磚倉庫裡最為醒目的一棟建築；金森洋物館則規劃成購物商場，有甜點店、生活雜貨、服飾店進駐，另外最特別的是在金森洋物館裡還有間 BrickLABO 遊戲區，免費提供樂高積木讓孩子玩耍。函館歷史廣場裡則有浪漫館及啤酒館進駐，日本人氣甜點店 Marion Crepes 和 MILKISSIMO 在此也設有分店，喜歡可麗餅及義式冰淇淋的朋友，絕對要來好好的品嚐一番。

1. 面對著函館灣的金森倉庫群　2. 函館明治館是由函館郵局改建而成的購物商場，內有泰迪熊博物館
3. 函館明治館外的復古信箱

夜晚點了燈的金森倉庫非常絢爛美麗，和白天的景緻完全不同，即便白天已經來過金森倉庫，還是建議晚上也能來這兒走走，感受白天與黑夜兩種不同氛圍。每年的耶誕節前夕，金森倉庫旁會豎立起一棵超大的聖誕樹，在樹上的霓虹燈於整點時會有燈光秀，吸引不少人來這兒度過浪漫的聖誕節。

❶

❷

❸

❹

1. 耶誕前夕才看得到的景象：爬滿聖誕老公公的金森倉庫　2. 夜晚的金森倉庫群，別有一番浪漫氛圍　3. 耶誕節前夕，在金森倉庫群的大型耶誕樹　4. BAY HOKODATE 兩棟建築之間的運河

1. 金森洋物館內景象　2. 金森洋物館裡的 BrickLABO 遊戲區

🔍 金森紅磚倉庫群（金森赤レンガ倉庫群）

地址	北海道函館市末廣町 14-12
電話	0138-27-5530
營業時間	9:30 ～ 19:00
公休日	年中無休（依店鋪而異）

官網

洗手間　無障礙洗手間　付費停車場　餐廳／賣店　自動販賣機　投幣式置物櫃　Free wifi　腳踏車租借　哺乳室

尿布台　嬰兒推車租借　嬰兒車友善環境　雨天 ok

年齡	全年齡適合
參觀時間	2 小時
嬰兒車	可推嬰兒車進入，可租借嬰兒推車
門票	免費

🚋 交通指南

1. 從「JR 函館駅」步行約 15 分鐘抵達
2. 從「JR 函館駅」搭乘往船塢方向的市營電車至「十字街」下車，步行 2 分鐘可抵達

元町

地圖

乍聽到「元町」的地名時，會讓人聯想到日本有好幾個城市都有這個地名，像是橫濱元町、神戶元町等。而這幾個城市的共通點就是早期為日本重要的對外貿易港口，所以異國風情相當濃厚。以函館元町為例，目前是函館市區內能夠看到最多洋式建築群的區域，有西洋教堂、舊英國領事館、公會堂等。與神戶、橫濱不同的是，函館元町內有著無數條的「坂」（中文意思是斜坡），走在這些斜坡坂道上，可見石疊坂道和洋式建築揉合的恰到好處，也難怪這裡常常成為各家媒體攝影取材的熱門景點。

漫步在元町，有幾幕絕對不能錯過的風景。「八幡坂」是所有坂裡面最出名的，從山坡上筆直滑下，連結了元町與函館灣。沿著斜坡走到八幡坂最高處，可以毫無遮蔽的眺望函館灣，不論是周旋在港灣上的船隻或海的顏色，都能看得一清二楚。

1. 元町最著名的八幡坂，筆直好似與函館灣相連在一起　2. 舊北海道廳函館支廳廳舍裡提供函館觀光資訊，可免費索取相關景點簡介　3. 眺望函館灣美景　4. 元町公園

再轉幾個街角，便能來到教堂群聚的「大三坂」。這條路被日本國土交通省評選為「日本最美街道 100 選」，可說是元町地區能看到和洋融合最徹底的一條坂道。石坂街道的兩旁矗立著一幢幢的西洋教會，東正教教堂（函館ハリストス正教会）、基督教教堂（函館聖ヨハネ教会）、天主教教會（カトリック元町教会）等。除了這些西洋教會外，這坂道上也穿插座落著幾座日本佛寺，像是「天主教教會」就與「東本願寺函館別院」對門相望。老實說，現今要看到教堂與佛寺交錯重疊的畫面實在不太容易，而這樣的建築風格也成功塑造了一幕幕讓人回味無窮的風景。

1. 位在元町的天主教教會，尖塔上佇立的風見雞特別引人注目　2. 舊函館區公會堂　3. 大三坂：最美街道之一　4. 坂道上隨處可見函館的特色水道蓋

🔍 元町

地址	北海道函館市末廣町
電話	0138-23-5440（函館觀光諮詢中心）
營業時間	全年開放
公休日	無休

年齡	全年齡適合
參觀時間	1 ～ 2 小時
嬰兒車	可推嬰兒車進入
門票	免費

餐廳／賣店　自動販賣機　嬰兒車友善環境

漫步元町街道上，隨處一隅都是美麗的風景

🚋 交通指南

從「JR 函館駅」搭乘市電至「末廣町」下車即抵達

函館山展望台

地圖

我心目中最美麗的函館夜景

　　在日本各大城市瀏覽過無數次的夜景，但唯有函館夜景的畫面最深植人心，縱使少了日本三大夜景的頭銜（2015 年被札幌藻岩山取代），但它的美妙姿態在眾多人的心目中肯定還是無可取代的。

　　函館山是附近 13 座連峰的總稱，而這座連峰是千年前海底火山噴發時的產物，經過多次的隆起而變成一座大島。爾後因為泥沙淤積，在與對岸的島嶼之間出現了一條連島沙洲，這也就是現今函館市區所在的位置。

　　建議在天色還未暗的傍晚就上山，此時乘著纜車緩緩上升至海拔 334 公尺高的山頂上，沿途能眺望白天的函館市景，也能清楚的看到那有著雙腰曲線的連島沙洲；等到夜幕低垂，在兩旁漆黑大海的夾攻之下，這座連島沙洲上萬家燈火閃閃發亮，傳說中「散落的珠寶盒」的真面目果然瑰麗至極，讓人過目不忘。

1. 白天的函館市景也毫不遜色　2. 函館山纜車站

🔍 函館山纜車（函館山ロープウェイ）

地址	北海道函館市元町 19-7
電話	0138-23-3105
營業時間	4/20 ～ 9/30：10:00 ～ 21:50（下行末班車 22:00）
	10/1 ～ 4/19：10:00 ～ 20:50（下行末班車 21:00）
公休日	無休（視天候狀況會有臨時停駛）

官網

年齡	全年齡適合
參觀時間	1 小時
嬰兒車	可推嬰兒車進入

門票	來回票價
成人	￥1,800
兒童	￥900
3 歲以下幼童	免費

※ 每位成人可攜帶一位學齡前幼童搭乘，
第二位幼童則需購買兒童票

 洗手間　 無障礙洗手間　 免費停車場　 餐廳／賣店

 自動販賣機　 投幣式置物櫃　 Free wifi　 哺乳室

 尿布台　 嬰兒車友善環境

🚋 交通指南

搭乘路面電車於「十字街」下車步行 10 分鐘即抵達

本日餐廳推薦

午餐 小丑漢堡灣區本店（ラッキーピエロ ベイエリア本店）

1. 僅在函館才吃得到的小丑漢堡 2. 種類多到讓人眼花撩亂的菜單 3. 小丑漢堡汽水販賣機
4. 炸唐揚雞鐵板蘑菇麵 5. 必點小丑漢堡 NO.1 炸唐揚雞漢堡

🏠 北海道市函館市末広町 23-18
📞 0138-26-2099
🕐 10:00 ～ 21:00（L.O 20:30）
休 無休
費 350 円起～
推 炸唐揚雞漢堡
🚌 從「JR 函館駅」搭乘市電至「十字街」下車步行 2
　　分鐘即抵達

官網　　　地圖

✕ 本日餐廳推薦

晚餐 1 函館山 Genova 餐廳

- 址 北海道函館市函館山頂 2 樓
- 電 0138-27-3127
- 時 午餐時段 11:30 ～ 15:00（L.O 14:00）
  晚餐時段 16:00 ～ 20:30（L.O 20:00）
- 休 無休（視纜車停駛狀況而定）
- 費 720 円起～
- 推 道產牛排餐、拉麵
- 交 搭乘函館山纜車至山頂站即抵達

官網　　　　地圖

1. 能觀賞函館景色的 Genova 餐廳　2. 鐵板豬套餐　3. 牛肉咖哩套餐

1. 函館啤酒館　2. 啤酒館內景象　3. 滿桌好吃的餐點

晚餐 2 函館啤酒館（HAKODATE BEER）

- 址 北海道函館市大手町 5-22（明治館通）
- 電 0138-23-8000
- 時 11:00 ～ 15:00 ／ 17:00 ～ 22:00（L.O21:20）
- 休 每週三
- 費 900 円起～
- 推 花枝炒麵、炸物、烤物
- 交 從「JR 函館駅」步行約 7 分鐘抵達

官網　　　　地圖

函館
一日小旅
2

函館、登別

景 函館市熱帶植物園　景 函館蔦屋書店　景 五稜郭公園
景 五稜郭塔

午 鮭魚子亭　午 五島軒　晚 函館麵廚房あじさい本店

函館蔦屋書店
【86 283 351】

本日行程
本日餐廳
周邊景點
【　】Mapcode

五稜郭駅

五稜郭公園
【86 166 277】

函館麵廚房あじさい本店
【86 165 055】

五稜郭塔
【86 165 057】

湯之川溫泉
【86 109 287】

金森紅磚倉庫群
【86 041 553】

函館駅

鮭魚子亭
【86 072 404】

函館市熱帶植物園
【86 080 514】

函館市電

函館山纜車山麓站
【86 041 033】

函館市熱帶植物園

地圖

　　「函館市熱帶植物園」是座緊鄰著大海的花卉溫室，這裡種植著約 300 種的熱帶植物。在寒冷的北國裡要種植熱帶國家的植物著實不易，必須透過溫室的溫度控制才能確保植物的壽命，所以就算是酷寒的冬季來到熱帶植物園，溫室裡的花卉植物依舊色彩繽紛、生氣盎然，和館外冰天雪地的景象迥然不同。

　　冬季來到熱帶植物園，最不能錯過的是那群正在享受著泡湯樂趣的猴老大。園內飼養的日本獼猴，每隻體型約在 50 ～ 70 公分，牠們是可以在零下的酷寒環境中生存的猴子。園方在每年的 12 月至 5 月會開放戶外溫泉讓牠們泡湯，這裡的水溫控制在 40 度左右，每週會更換一次溫泉水，並清理一下猴山的環境。

1. 函館市熱帶植物園　2. 熱帶植物園內種植著約 300 種花卉植物　3. 玻璃屋裡好像一座小型的森林花園

243

看著這群猴老大每位的臉都泡得紅通通的，就知道浸泡在溫泉裡有多麼的舒服暢快。在售票處有販售猴子喜愛的小零嘴，可以順道買一小包讓孩子們餵食這群猴子。從孩子手中丟出去的飼料，猴群們竟然都能很準確的接到並立刻送入口中，就這樣你丟我接，重複了好幾次都不曾失誤。唯有幾次，我們拋出的食物被隔壁的猴子伸手攔劫，眼看快要到手的食物被搶走，被搶食的猴子當然也不干示弱，狠狠的將隔壁搶食的同伴推到溫泉水裡去，這動作可是引來遊客們一陣哄堂大笑。這裡要特別提醒的是，除了園方提供的飼料外請勿餵食獼猴其他食物喔！

1. 泡著溫泉的猴老大，每隻臉都紅通通的　2. 開心的餵食著這群猴老大

🔍 函館市熱帶植物園

地址	北海道函館市湯川町 3-1-15
電話	0138-57-7833
營業時間	4 ～ 10 月 9:00 ～ 18:00、11 ～ 3 月 9:00 ～ 17:00
公休日	12/29 ～ 1/1

官網

年齡	全年齡適合
參觀時間	1 小時
嬰兒車	可推嬰兒車進入

門票	費用
成人	¥300
兒童	¥100
6 歲以下	免費

 洗手間
 Free 免費停車場
 自動販賣機
 嬰兒車友善環境
 雨天 ok

🚋 交通指南

從「JR 函館駅」前搭乘函館巴士「6 系統」、「96 系統」，於「熱帶植物園前」下車，步行 2 分鐘即抵達

函館蔦屋書店

地圖

1. 戶外提供寬廣的停車場，供民眾免費使用　2. 函館蔦屋書店是當地居民最愛造訪的文化殿堂　3. 斗大的蔦屋書店招牌

近幾年，日本開始風靡「書店 x 咖啡店」（BOOK CAFÉ）的經營模式，打破傳統賦予書店的既定印象，在書店甚至是圖書館裡進駐咖啡店，營造出一種休閒與文化結合的生活場所，而這當中就屬「蔦屋書店」將這樣的經營模式發揮的最淋漓盡致。打從 2011 年「代官山蔦屋書店」誕生後，這股風氣就一直無限蔓延，2013 年蔦屋書店的經營團隊選擇在只有 30 萬人口的北海道函館市闢建「函館蔦屋書店」。除了延續代官山蔦屋書店的經營理念外，函館蔦屋書店還多增添了「家庭」元素，讓父母及長輩能攜帶孩子一同融入這座文化殿堂。

很多人都好奇為什麼蔦屋書店會選擇在函館闢建這間超大型的書店呢？其實蔦屋一直想要在日本各地打造符合在地生活、當地需求的書店，於眾多城市評估挑選後一致認為函館在人口結構上是個很不錯的示範地點，也因此這棟佔地 2,000 坪的蔦屋書店就真實的座落於函館市了。

書店內的兒童
遊戲區

　　函館蔦屋書店不僅僅是間大人的書店，這裡亦是小孩的書店。針對兒童的部分特別規劃了兒童繪本區及文具區，讓孩子們來到蔦屋時也能像大人一樣逛書店，翻閱喜愛的書籍，挑選他們的文具用品。而緊鄰著兒童繪本區的，是小孩最愛的「遊戲區」，這是函館蔦屋書店的貼心設計，下雨及下雪天時，他們還能在此室內空間嬉戲玩耍、自由奔跑。

　　這間打著 BOOK CAFÉ 名號的書店，裡頭不僅僅只聞到書香及咖啡香，宛如像是座小型的百貨商場，除了賣書之外，還結合影音、藥妝、生活用品、3C 用品、餐具、雜貨、手作體驗課，只要來一趟蔦屋書店就能滿足各種需求。

※ 館內除兒童遊戲區外，嚴禁拍照。

🔍 函館蔦屋書店

地址	北海道函館市石川町 85-1
電話	0138-47-2600
營業時間	9:00 ～ 22:00
公休日	無休

官網

年齡	適合 2 歲以上～成人
參觀時間	1 ～ 2 小時
嬰兒車	可推嬰兒車進入
門票	免費

 洗手間　 無障礙洗手間　 免費停車場　 餐廳／賣店　 自動販賣機

 Free wifi　 哺乳室　 尿布台　 嬰兒車友善環境　 雨天 ok

🚋 交通指南

從「JR 函館駅」前搭乘函館巴士「53 系統」或「74 系統」，於「蔦屋書店前」下車即抵達

五稜郭公園

地圖

　　在還沒有親眼目睹五稜郭真面目之前，真的很難相信世界上竟然有如此美麗的碉堡存在，直到親身走一遭，用自己的雙眼看見這座星形城郭要塞後，才相信這不是雜誌上虛構的風景，而是真實的存在於北海道南端的函館市裡。

　　在日本其他城市看到的城堡，像是大阪城、姬路城、熊本城等，都是屬於傳統型的城堡，外型大多四四方方。而「五稜郭」則不同，是一座有著五角星形護城河的城郭要塞。1864 年德川幕府時代下令興建，聘用當時著名的軍事專家「武田斐三郎」設計，建造這座日本第一個西式碉堡。

　　位在五稜郭公園正中央的是「箱館奉行所」，原本位於函館山麓下，在德川幕府時代末期被遷至五稜郭裡，由護城河保護著，扮演辦事處的角色。無奈在日本內戰「箱館戰爭」時受到波及，建築幾乎全毀而面臨被拆除的命運。而目前座落在五稜郭公園裡的箱館奉行所是 2010 年時，以傳統的工法重新建造的，成功再現幕府時代箱館奉行所的霸氣模樣。

1. 箱館奉行所　2. 位於五稜郭公園正中央的箱館奉行所　3. 箱館奉行所內一隅

從前的五稜郭是座軍事要塞，如今卻是當地居民的後花園，也是在地人平日散步運動的好場所、週末假日全家出遊的好地方。在五稜郭公園入口處，有間划船租賃店，來到這裡不妨試試在星形的護城河裡划個船，想必也是件挺浪漫的事！

1. 划船租賃店　2. 展開一趟浪漫的划船之旅

🔍 五稜郭公園

地址	北海道函館市五稜郭町 44-3
電話	0138-51-2864
營業時間	4 ～ 10 月 9:00 ～ 18:00、11 月～ 3 月 9:00 ～ 17:00

官網

※ 五稜郭划船租賃店
　營業時間：4 月下旬 ～ 10 月下旬 9:00 ～ 17:00（冬季休業）
　費用：2 人 2,000 円、3 人 2,500 円、4 人 2,800 円（50 分鐘）

公休日　無休（箱館奉行所 12/31 ～ 1/3 公休）

年齡　　　全年齡適合
參觀時間　1 小時
嬰兒車　　園區內可推嬰兒車進入
門票　　　入園免費
　　　　　箱館奉行所門票

	費用
成人	¥ 500
學生	¥ 250

 洗手間
 無障礙洗手間
 餐廳／賣店
 自動販賣機
 投幣式置物櫃
 尿布台
 嬰兒車友善環境
 付費停車場

🚃 交通指南

從「JR 函館駅」巴士站 4 號月台搭乘函館巴士，於「五稜郭 Tower 前」下車步行 8 分鐘即抵達

五稜郭塔

五稜郭タワー

地圖

　「五稜郭塔」是為了紀念五稜郭城築城百年而建立的，而現今佇立眼前這座第二代五稜郭塔是於 2006 年興建完成，標高 107 公尺，是眺望五稜郭星形碉堡的最佳場所。

　不同季節登上五稜郭塔，映入眼簾的風景全然不同。每年春天，許多遊客追櫻追來了這兒，公園裡 1,600 棵櫻花樹沿著星形碉堡的外圍努力綻放。若身處在公園裡，可以坐在櫻花樹下享受那陣陣飄落的櫻花雨；而若是登上了五稜郭塔，則能親眼目睹那淡粉色系的星形堡壘，這可是函館限定別處看不到的絕美景緻。

1. 孩子們超愛的五稜郭塔鎮塔之寶：GO 太くん　2. 函館最出色的地標：五稜郭塔　3. 一樓的中庭花園休息區
4. 五稜郭塔一樓的紀念品賣店

冬天的星形碉堡幻化成星海中最閃亮的一顆星。結冰的護城河被靄靄白雪覆蓋，讓星形的輪廓更加明顯，尤其是在冬季的夜晚，伴隨著「五稜星之夢」的點燈活動，讓這顆五稜星更加耀眼、迷人。

春天粉嫩登場、夏天生氣蓬勃、秋天紅楓染遍、冬天銀妝素裹，不論是哪個時節造訪，五稜郭永遠都是最耀眼的那顆星。運氣好的話，說不定還能遇到五稜郭塔的鎮塔之寶「GO 太くん」，每年 4 ～ 10 月的週末在這裡都很有機會與他不期而遇喔！

1. 展望台上的 360 度環景窗　2. 終於親眼看到盛夏的五稜郭星形堡壘，這輪廓也太美麗了吧！
3. 冬日夜晚的星形堡壘是如此的耀眼、迷人

🔍 五稜郭塔（五稜郭タワー）

官網

地址	北海道函館市五稜郭町 43-9
電話	0138-51-4785
營業時間	9:00 ～ 18:00（展望台售票最後時間 17:50） 五稜星之夢期間（12/1 ～ 12/29）：延長至 19:00 1/1 特別營業（賞日出時間）：6:30 開始營業～
公休日	無休

年齡	全年齡適合
參觀時間	1 小時
嬰兒車	可推嬰兒車進入

門票

	費用
成人	￥1,000
國高中生	￥750
小學生	￥500
6 歲以下	免費

 洗手間
 無障礙洗手間
 餐廳／賣店
 自動販賣機
 投幣式置物櫃
 哺乳室
 尿布台
 嬰兒車友善環境
 雨天 ok
 付費停車場

🚋 交通指南

從「JR 函館駅」搭乘市電，於「五稜郭公園前」下車步行 10 分鐘即抵達

本日餐廳推薦

午餐 1 鮭魚子亭（いくら亭）

🏠 北海道函館市若松町 9-15
（函館朝市どんぶり横丁市場）

☎ 0138-23-3422

🕐 5 ～ 10 月 6:00 ～ 14:30（L.O 14:00）
11 ～ 4 月 7:00 ～ 14:30（L.O14:00）

🚫 每週五

💰 900 円起～

👍 鮭魚卵丼、蟹肉粥、天丼、海鮮煎蛋

🚃 從「JR 函館駅」步行 3 分鐘抵達

官網　　　地圖

1. 位於函館朝市旁的鮭魚子亭　2. 超完美的蟹肉粥　3. 包覆著海味的歐姆蛋　4. 吃得出鮮味的天婦羅丼　5. 來函館必吃當地的透抽，肉質Q彈軟嫩，炸花枝丼也非常美味

✗🍴 本日餐廳推薦

午餐 2 五島軒

1. 函館最有歷史的咖哩專賣店：五島軒 2. 店內亦有販售咖哩調理包 3. 牛肉咖哩飯

🏠 北海道函館市五稜郭町 43-9（五稜郭塔 2F）

☎ 0138-52-5811

🕐 11:00 ～ 15:30（L.O 15:00）

🈺 每週四

💰 990 円起～

👍 函館海味咖哩、英國風味咖哩（牛肉）

🚋 從「JR 函館站」搭乘市電，於「五稜郭公園前」下車步行 10 分鐘即抵達

官網　　地圖

晚餐 函館麵廚房あじさい本店

🏠 北海道函館市五稜郭町 29-22

☎ 0138-51-8373

🕐 11:00 ～ 20:25

🈺 每個月的第四個週三

💰 750 円起～

👍 味彩正油拉麵、五目麵、餃子

🚋 從「JR 函館站」搭乘市電，於「五稜郭公園前」下車步行 15 分鐘即抵達

官網　　地圖

1. 超多蔬菜的五目麵 2. 味彩：正油拉麵

沿路景點
一網打盡！

Chapter 4
城市間的移動行程

旭川（紋別）－網走沿路景點

旭川

▍行車資訊：137 公里（1小時56分）
本路線會經過收費高速公路

木頭玩具世界館 Chacha World(P.273)

▍行車資訊：39 公里（40分）

家族同樂愛的樂園 YOU(P.271)

▍行車資訊：65.5 公里（1小時10分）

網走

紋別

▍行車資訊：42.4 公里（47分）

家族同樂愛的樂園 YOU(P.271)

▍行車資訊：39 公里（40分）

木頭玩具世界館 Chacha World(P.273)

▍行車資訊：86.2 公里（1小時29分）

網走

旭川（紋別）
沿路景點

札幌 - 旭川
沿路景點

旭川

小樽

帶廣 - 富良野
沿路景點

札幌

新千歲空港

登別

札幌－旭川沿路景點

札幌

▍行車資訊：52.7 公里（51分）
本路線會經過收費高速公路

三笠鐵道紀念館(P.257)

▍行車資訊：41.4 公里（41分）
本路線會經過收費高速公路

兒童之國 (道立公園)(P.259)

▍行車資訊：62.2 公里（53分）
本路線會經過收費高速公路

神威之杜公園(P.261)

▍行車資訊：6 公里（18分）

旭川

函館空港

函館

網走 － 知床沿路景點

網走

　┃ 行車資訊：8.2 公里（11分）

藻琴站(P.276)、北浜站(P.277)、小清水原生花園(P.279)

　┃ 行車資訊：53.1 公里（55分）

雙美瀑布(P.281)

　┃ 行車資訊：6.4 公里（7分）

知床斜里（知床世界遺產中心）(P.283)

知床 － 摩周湖沿路景點

知床斜里

　┃ 行車資訊：15.6 公里（23分）

知床峠(P.286)、熊之湯(P.287)、羅臼遊客中心(P.288)

　┃ 行車資訊：39.1 公里（57分）

瀨石溫泉(P.290)

　┃ 行車資訊：24 公里（39分）

國後展望塔(P.291)、純之番屋(P.292)

　┃ 行車資訊：62.5 公里（1小時5分）

中標津町道立夢之森林公園(P.293)

　┃ 行車資訊：78.4 公里（1小時30分）

弟子屈（川湯溫泉）

紋別

網走

知床斜里

網走 - 知床
沿路景點

知床 - 摩周湖
沿路景點

川 - 帶廣
沿路景點

阿寒湖

摩周湖

廣

旭川 － 帶廣沿路景點

旭川

　┃ 行車資訊：65 公里（1小時18分）

層雲峽(P.264)

　┃ 行車資訊：63.9 公里（1小時25分）

東大雪自然館(P.266)

　┃ 行車資訊：30.6 公里（46分）

ナイタイ高原牧場(P.268)

　┃ 行車資訊：41.7 公里（1小時2分）

帶廣

帶廣 － 富良野沿路景點

帶廣

　┃ 行車資訊：53.8 公里（1小時6分）

熊牧場(P.297)

　┃ 行車資訊：35.1 公里（36分）

星野渡假村(P.301)

　┃ 行車資訊：27.3 公里（30分）

幾寅站（電影《鐵道員》的幌舞站）(P.299)

　┃ 行車資訊：35.9 公里（42分）

富良野

札幌—旭川沿路景點

景 三笠鐵道紀念館　景 北海道兒童之國
景 神威之杜公園

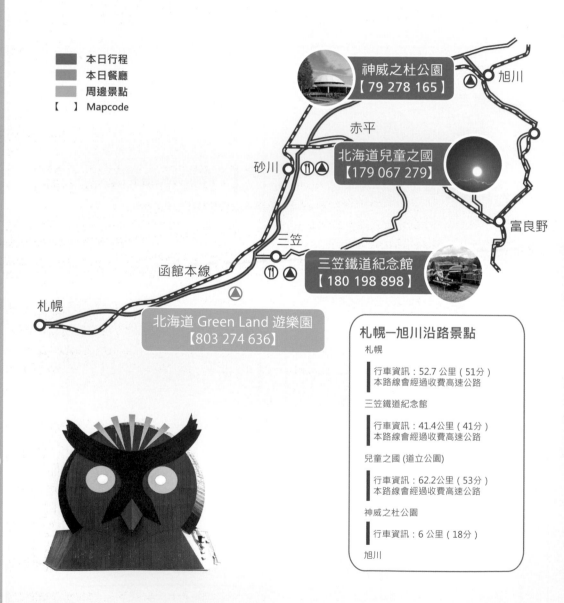

本日行程
本日餐廳
周邊景點
【 　 】 Mapcode

神威之杜公園
【79 278 165】

旭川

赤平

北海道兒童之國
【179 067 279】

砂川

富良野

三笠

函館本線

三笠鐵道紀念館
【180 198 898】

札幌

北海道 Green Land 遊樂園
【803 274 636】

札幌—旭川沿路景點

札幌

行車資訊：52.7 公里（51分）
本路線會經過收費高速公路

三笠鐵道紀念館

行車資訊：41.4公里（41分）
本路線會經過收費高速公路

兒童之國 (道立公園)

行車資訊：62.2公里（53分）
本路線會經過收費高速公路

神威之杜公園

行車資訊：6 公里（18分）

旭川

三笠鐵道紀念館

三笠鉄道記念館

地圖

　　位於札幌東北方的三笠市，過去曾因為盛產煤礦而繁榮，但隨著採礦事業沒落，人口逐漸外移，如今已成為全日本人口第二少的城市。三笠市是北海道鐵路的發祥地（北海道第一條鐵路：幌內鐵道），為了保存這項歷史遺產，政府在三笠市建立這座鐵道村，珍藏許多過去曾奔馳在鐵道上的各式火車。紀念館裡陳列明治時代的鐵道史資料，及大正、昭和時期曾經使用過的火車時刻表、制服、信號機等等，全部都是以真品的形式保存在紀念館內。

1. 三笠鐵道紀念館　2. 孩子們看到這組湯瑪士火車，眼睛都發亮了　3. 鐵道紀念館內的展示模型
4. 週末時常會有攤販在這兒擺攤　5. 鐵道博物館外展示的火車　6. 火車車廂改建成的餐廳

　　走到屋外，孩子們看到正在冒煙的蒸氣火車，看得是目瞪口呆嘖嘖稱奇，這些看來懷舊的畫面，對他們來說卻是件很新鮮的事。三笠鐵道博物館外就像是座小型的遊樂園，一旁的迷你新幹線，讓大人及小孩都玩得很開心。這裡雖然沒有豪華的遊樂設施，但它卻讓我們有機會牽著孩子的手搭上蒸氣火車，和他們說說這些曾存在大人腦海裡的過往故事，告訴他們早期的火車是用煤礦來發動的，也和他們一起聽聽那蒸氣火車專屬的汽笛聲「叭—」。

項目	費用	運行時間
SL・S-304 蒸氣火車	一次 300 円	週六：12:00 ～ 16:00、週日：10:00 ～ 16:00（每半小時發車一次）
迷你新幹線	一次 300 円	週六、日、國定假日隨時運行

1. 北海道冬季必備的剷雪火車　2. 可以付費體驗搭乘蒸氣火車　3. 很受孩子們喜愛的迷你新幹線

🔍 三笠鐵道紀念館（三笠鉄道記念館）

地址	北海道三笠市幌內町 2-287
電話	0126-73-1123
營業時間	9:00 ～ 17:00
公休日	每週一；冬季休館：10/16 ～ 4/15

官網

年齡	適合 2 歲以上～成人
參觀時間	2 小時
嬰兒車	園區內可推嬰兒車進入

門票

	費用
成人	￥530
中、小學生	￥210

洗手間　無障礙洗手間　免費停車場
自動販賣機　嬰兒車友善環境　雨天 ok

🚌 交通指南

從「JR 岩見沢駅」下車後轉搭中央巴士三笠線，於「三笠市民會館」下車後再轉搭市營巴士幌內線，於「鐵道博物館」下車即抵達

中央巴士時刻表　　市營巴士時刻表

北海道兒童之國
北海道子どもの国

地圖

1. 2. 兒童之國ヤッホーの森　3. 金黃的秋楓　4. 比薩斜塔

　　北海道兒童之國位於砂川市，這座佔地約232公頃的道立公園，於1974年開設以來就廣受親子家庭的喜愛。它是座森林也是座兒童樂園，園區裡栽種了200多種類的樹木，營造了悠活森林步道（ヤッホーの森），沿著森林步道，除了能欣賞植栽之美，亦會發現許多大型戶外遊具。在這裡，父母大可放手讓孩子們去探索，幸運的話，還能瞥見花栗鼠、松鼠、狐狸、浣熊等小動物的身影。

　　北海道兒童之國還內建雨天備案！不思議森林（ふしぎの森），是座以世界七大不思議建築為主題，森林入口處的金字塔（ピラミッド）是座室內Playground，有高空吊橋及兩座刺激的跨樓層溜滑梯，孩子光是在各樓層間跑來跑去就覺得好滿足。走到不思議森林的戶外區，能在園區內發現縮小版的比薩斜塔、萬里長城及英國巨石群等世界建築奇蹟。除此之外，戶外區亦有地下迷宮、溜索、大型彈跳床、森林冒險及廣大草皮讓孩子們盡情揮灑汗水、消耗體力。

　　北海道兒童之國亦有規劃露營區，近幾年來露營活動非常盛行，有些愛好露營的朋友已將足跡從台灣擴展至海外了，而北海道更是露營者的天堂，只要是腹地夠大的公園都會闢建露營區，提供寬闊的場地讓大家圓夢。若有意想至北海道兒童之國紮營的話，每年 6 月下旬至 9 月上旬是露營區開放的期間，相關資訊會於官網公布。

1. 室內遊樂園　2. 秋楓綻放的森林步道（ヤッホーの森）

🔍 北海道兒童之國（北海道子どもの国）

官網

地址	北海道砂川市北光 401-1
電話	0125-53-3319
營業時間	開園期間： 1/4 ～ 12/28
開園時間	9:30 ～ 17:00（各設施開放不一，請參考官網公告）
公休日	依季節及設施而異（請參照官網公告）

 洗手間　 無障礙洗手間　 免費停車場　 自動販賣機　 哺乳室　 尿布台　 嬰兒車友善環境

年齡	適合 2 歲以上～成人
參觀時間	2 小時
嬰兒車	園區內可推嬰兒車進入
門票	入園免費；不可思議森林入門票 500 円（國中生以下免費）

🚃 交通指南

自駕

神威之杜公園
カムイの杜公園

地圖

　「神威之杜公園」是座位於旭川市郊的大型公園，這裡的遊具設施可以讓大人小孩都玩到嗨翻天，非常適合親子出遊的家庭。神威之杜公園隸屬於旭川市，雖然不是北海道道立公園的一份子，但規模及設施和道立公園可是不相上下。園區內規劃屋內遊具區及屋外遊具區，亦有體驗學習館、野外露營區、多目的廣場、自然探索森林等，提供當地居民一處非常自然又美麗的休憩園地。

　園區內有座蛋型的建築物「わくわくエッグ室內遊具區」，裡面設置了許多木製遊具，比較特別的是天井上那道錯綜複雜的繩索隧道，讓大人與孩子們全都沉浸在你追我躲的遊戲裡。戶外遊具區主要也是由大型木製遊具組成，孩子們可以在這裡攀爬、戲水、溜滑梯、玩溜索，每一項遊具都能讓大家玩得不亦樂乎。

1. 位在旭川市郊的神威之杜公園　2. 孩子們天真燦爛的笑容，是旅行中最值得收藏的畫面
3. 4. 全木製玩具的室內遊戲室，充塞著大人小孩的歡笑聲

🔍 神威之杜公園（カムイの杜公園）

地址　　北海道旭川市神居町富沢 125
電話　　0166-63-4045
營業時間　9:00～17:00（7～8月 9:00～19:00）
公休日　　每月的第二個週一（遇國定假日則順延一天）、年末年始

年齡　　　適合 2 歲以上～成人
參觀時間　2 小時
嬰兒車　　可推嬰兒車進入
門票　　　免費

🚃 交通指南

建議自駕

旭川—帶廣 沿路景點

○ 景 層雲峽　景 東大雪自然館　景 ナイタイ高原牧場

旭川

旭山動物園
【79 357 892】

銀河流星瀑布
【623 177 863】

大函
【743 692 580】

層雲峽

層雲峽遊客中心
【623 204 600】

大雪湖
【743 635 030】

三國峠
【743 286 211】

糠平湖

東大雪自然館
【679 398 529】

然別湖

ナイタイ高原牧場
【679 103 685】

■ 本日行程
■ 本日餐廳
■ 周邊景點
【　】 Mapcode

旭川—帶廣沿路景點

旭川

┃ 行車資訊：65 公里（1小時18分）

層雲峽

┃ 行車資訊：63.9 公里（1小時25分）

東大雪自然館

┃ 行車資訊：30.6 公里（46分）

ナイタイ高原牧場

┃ 行車資訊：41.7 公里（1小時2分）

帶廣

層雲峽

地圖

　層雲峽隸屬在大雪山國立公園境內，因其位於石狩川上游，長年來飽受侵蝕而造就了這一段綿延 24 公里長的峽谷峭壁。層雲峽四季分明，這裡的風景囊括了柱狀節理懸崖、原始林、瀑布、紅葉及溫泉，不論什麼季節前來，皆能感受到這片峽谷的精彩。

　在石狩川上游處的「大函」及「小函」，是來到層雲峽不能錯過的景點。所謂「函」的意思就是指河床兩側有陡峭的懸崖，「大函」就在馬路旁邊，一般遊客皆可以輕易到達；但若要前往「小函」則必須通過小函遊步道，這條步道經常有落石崩塌，已經關閉好一陣子了。

1. 河床兩側是陡峭懸崖的大函　2. 層雲峽纜車站　3. 石狩川上游水庫：大雪水壩

有「夫妻瀑布」美稱的「流星瀑布」與「銀河瀑布」，也是來層雲峽必看的奇景之一。流星瀑布從 90 公尺高的懸崖上俯衝直下，氣勢強而有力，因此又有「雄瀑布」的稱號；而銀河瀑布雖然是從 120 公尺高的峭壁流下，但因水勢較弱，宛若白色絲絹般柔軟細緻，因而被稱為「雌瀑布」。

夫妻瀑布的中間被一塊大石頭「不動岩」隔開，因此有這麼一段關於流星瀑布與銀河瀑布的淒美故事，述說著一對相愛的戀人雖然無法形影相隨，但也會在一旁永遠守護著彼此。流星瀑布與銀河瀑布雖分隔兩地，但從瀑布下方的登山步道往山上走約 20 分鐘的路程，便會來到「雙瀑台」，在這裡可以一睹夫妻瀑布同台的畫面。

1. 前往夫妻瀑布的登山步道　2. 氣勢磅礡的雄瀑布：流星瀑布　3. 細緻柔軟的雌瀑布：銀河瀑布

🔍 大雪山國立公園

地址	北海道上川郡上川町字層雲峽
電話	01658-9-4400（層雲峽遊客中心）
營業時間	6 ～ 10 月 8:00 ～ 17:30、11 ～ 5 月 9:00 ～ 17:00（層雲峽遊客中心）
公休日	6 ～ 10 月無休、11 ～ 5 月每週一、年末年始 12/31 ～ 1/5（層雲峽遊客中心）

官網

年齡	全年齡適合
參觀時間	2 小時
嬰兒車	部份路段不適合推嬰兒車進入，請使用揹巾
門票	免費

 洗手間　 Free 免費停車場　 嬰兒車友善環境

🚋 交通指南

從「JR 旭川駅」巴士總站搭乘道北巴士（層雲峽 · 上川線），於「層雲峽」站下車即抵達

道北巴士時刻表

東大雪自然館
ひがし大雪自然館

地圖

1. 東大雪自然館　2. 館內展示出許多動物標本　3. 色彩鮮豔的蝴蝶標本　4. 這裡會看見許多喊不出名字的昆蟲標本，真是讓人大開眼界

　　上士幌町內大約有 70% 的面積都被森林及大自然給占據，所以來到這裡看到的綠地會比其他城市多上許多。在上士幌町的糠平湖畔，佇立了一座非常亮眼的建築物，是於 2013 年開幕的「東大雪自然館」。

　　東大雪自然館是「東大雪博物館」與「環境省旅客中心」合併後的新設施。走進館內，那棕熊及梅花鹿的標本逼真到令人毛骨悚然，路過牠身旁還真的會不自覺的雞皮疙瘩掉滿地。館內依展區分為「絕跡動物外來品種」、「東大雪多樣性生態系」、「人類痕跡與愛奴文化」、「世界昆蟲」等區塊，而這當中最吸引孩子目光的就是「世界昆蟲」了。這裡展示多達 5,000 多種的昆蟲標本，他們每看到一種小昆蟲都會發出讚嘆的驚訝聲，如果是看到熟悉的昆蟲時，那露出的眼神彷彿就像是個小小探險家，充滿著自信及成就感。

舊國鐵「士幌線」在廢線後，於糠平湖一帶遺留了 34 座美麗的拱橋遺跡。喜歡攝影的朋友，下次如果有機會來到上士幌町，不妨花點時間走訪這些神秘的鐵道遺跡（士幌線於 1926 年開通至 1987 年全線廢除）。

1. 數目多到無法計數的昆蟲標本　2. 透過問與答，讓孩子們更深刻記住每種生物的特徵

🔍 東大雪自然館（ひがし大雪自然館）

地址	北海道河東郡上士幌町ぬかびら源泉鄉 48-2
電話	01564-4-2323
營業時間	9:00 ～ 17:00
公休日	每週三公休

官網

年齡	適合 3 歲以上～成人
參觀時間	1 小時
嬰兒車	可推嬰兒車進入
門票	免費

 洗手間　 無障礙洗手間　 Free 免費停車場　 嬰兒車友善環境　 雨天 ok

🚃 交通指南

從「JR 帶廣駅」巴士總站搭乘十勝巴士「51 ぬかびら線」，
於「ぬかびら源泉鄉營業所前」下車即抵達

十勝巴士

ナイタイ高原牧場

地圖

在北海道開車旅行，看見路旁有動物出沒是件稀鬆平常的事，行駛山路間，也經常會瞥見狐狸或是三兩隻蝦夷鹿於路旁覓食、遊走。牠們看到人車不會過於驚慌，早已和人類融洽的生活在一起。沒錯，來到北海道真的會讓人有這樣的體悟，人與動物是非常親近、和平共處於這塊大地上的。

沿著路標往山上開去，放眼望去盡是山巒起伏的草地高原，層層堆疊、毫無邊界。「ナイタイ高原牧場」佔地 1,700 公頃，牧場內野放了許多牛兒、馬兒，有時還會不經意的出現幾

隻野生鹿兒。座落在ナイタイ高原牧場上的小木屋，是高原牧場內唯一的小店舖，裡頭販售著當地生產的乳製商品，來到這兒可別忘了品嚐一下當地最受歡迎的牛奶冰淇淋。

天氣晴朗時，高原牧場上盡是成群覓食的牛群，視野遼闊到能眺望遠方的十勝平原及阿寒岳；天氣不好時，這裡會矇上一層濃霧，白茫茫的一片什麼也看不著，只能伴著三三兩兩的牛隻呆坐在店舖窗前，等待撥雲見日的那一刻。

1. 撥雲見日後，牧場終於出現成群的牛兒們　2. 絕對不能錯過超濃郁的牛奶冰淇淋　3. ナイタイ高原牧場賣店
4. 小木屋內販售著紀念品及當地生產的乳製商品

ナイタイ高原牧場

地址　北海道河東郡上士幌町上音更 85-2
電話　090-3398-5049(小木屋)
營業時間　10:00～17:00（4 月下旬至 10 月下旬）
公休日　冬日休業（11 月～4 月下旬）

官網

洗手間　免費停車場　餐廳／賣店　自動販賣機

年齡　全年齡適合
參觀時間　1 小時
嬰兒車　牧場內不適合推嬰兒車進入，建議使用揹巾
門票　免費

交通指南

建議自駕

1. 拿著望遠鏡能夠捕捉到更遠的風景　2. 紀念立牌　3. 牧場小木屋內一隅

📍 景 家族同樂愛的樂園 YOU　　景 木頭玩具世界館 Chacha World

■ 本日行程
■ 本日餐廳
■ 周邊景點
【 】 Mapcode

鄂霍次克海

紋別

家族同樂愛的樂園 YOU
【404 476 383】

湧別

サロマ湖

遠輕

網走

石北本線

木頭玩具世界館
【840 648 027】

北見

旭川

層雲峽遊客中心
【623 204 600】

北狐牧場
【402 600 365】

山之水族館
【402 600 256】

旭川（紋別）—網走沿路景點

旭川

| 行車資訊：137 公里（1小時56分）
本路線會經過收費高速公路

木頭玩具世界館 Chacha World

| 行車資訊：39 公里（40分）

家族同樂愛的樂園 YOU

| 行車資訊：65.5 公里（1小時10分）

網走

紋別

| 行車資訊：42.4 公里（47分）

家族同樂愛的樂園 YOU

| 行車資訊：39 公里（40分）

木頭玩具世界館 Chacha World

| 行車資訊：86.2 公里（1小時29分）

網走

家族同樂愛的樂園 YOU
ファミリーアイランドユー

地圖

1. 家族同樂愛的樂園 YOU　2. 超刺激的海盜船　3. 從摩天輪上俯瞰這座小巧的遊樂場
4. 大人小孩都能一起同樂的好地方

「家族同樂愛的樂園 YOU」位在國道 238 號佐呂間湖西岸的小山丘上，這座戶外遊樂園和國道休息站「愛 LAND 湧別」併設，若是要前往網走、紋別方向的朋友行經這一帶，可以考慮帶孩子一同來這座戶外天堂玩耍。

家族同樂愛的樂園 YOU 入園是免費的，想要玩遊樂設施的話，可以單獨購買一次性票券或是一票玩到底的一日券（1,600 円）。這裡的遊樂設施有摩天輪、海盜船、雲霄飛車、碰碰船及 GO-KART，種類非常多元，很適合帶著 3 歲以上孩子的親子家庭。最棒的是，

這裡的人潮不多，不會過於擁擠，也不會遇到排隊要排很久的窘境，讓大人小孩都能玩得盡興。

玩累了，一旁的國道休息站裡有餐廳及賣店，坐在餐廳裡用餐的同時還能遠眺佐呂間湖的風景，也能在賣店裡購買到當地的土產及伴手禮，真的是一處有得玩、有得吃、又有得買的好地方。附帶一提，家族同樂愛的樂園 YOU 在冬季是暫停開放的，從每年的 10 月中旬開始休園，等到翌年的 4 月下旬才又再度恢復營運。

1. 兩個孩子都迷上 GO-KART 啦！　2. 一次一次的旅行，會發現孩子越來越勇敢　3. 射擊遊戲

家族同樂愛的樂園 YOU （ファミリーアイランドユー）

地址	北海道紋別郡湧別町志撫子 6-2
電話	01586-8-2455
開園期間	4/29 ～ 10 月第二個週一
開園時間	9:30 ～ 17:00（9/21 後營業至 16:00）
公休日	每週一公休；冬季休業（10 月中旬至翌年 4 月下旬）

官網

洗手間　無障礙洗手間　Free 免費停車場　餐廳／賣店　自動販賣機　嬰兒車友善環境

年齡	適合 3 歲以上～成人
參觀時間	2 小時
嬰兒車	可推嬰兒車進入
門票	入園免費

	費用
一票玩到底	￥1,600
3 歲以下	免費

 交通指南

建議自駕

木頭玩具世界館 Chacha World
木のおもちゃワールド館ちゃちゃワールド

地圖

外觀就像座城堡的「木頭玩具世界館」，裡頭收藏了來自世界各地約 40 個國家的木頭玩具，有法國的積木、德國的煙斗公仔、俄羅斯的木頭娃娃、日本的木製木偶，光是這些木製玩具數量就多達 10,000 件，讓大人小孩都為之瘋狂。

木頭玩具世界館共有兩層樓，一樓展示區展示許多來自世界各地的木製珍藏品，二樓體驗區則規劃好幾個區域讓孩子都能沉浸在木頭玩具的世界裡。像是法國製的 Kapla 積木，雖然造型簡單，但透過層層堆疊及創意發想，竟也可以砌出許多結構繁複的巨大作品。我們全家人花了大把時間待在這個區域，就為了想要砌出一座圓柱大樓，無奈頻頻崩塌，看來要堆砌出完美的作品還真是有點不容易啊！

木頭玩具世界館裡還有一處令人印象深刻的地方，館內的一隅是剪影畫巨匠「藤城清治」的剪影世界。走進這座「藤城清治克魯波克魯剪影畫美術館」，透過光和影營造的繽紛剪影世界，彷彿誤入了美麗的童話繪本裡。尤其是那長 9 公尺、寬 18 公尺的弧形大壁畫「光彩陸離」，從中可見富良野的薰衣草田、北海道的四季變換、蝦夷鹿在原野上奔跑，這些畫面在孩子眼中可都是一幕幕的北海道繪本風景。

從夢幻的剪影美術館走回現實，不禁對藤城先生的剪影世界感到無限的敬佩，透過他繽紛的用色技巧及傳神的剪影技術，把單調的剪影轉化成一種多層次的藝術，讓觀賞的人都能臣服於他的剪影世界裡。

※「藤城清治克魯波克魯剪影畫美術館」裡嚴禁拍照。

木頭玩具世界館 Chacha World

🔍 木頭玩具世界館 Chacha World
（木のおもちゃワールド館ちゃちゃワールド）

官網

地址	北海道紋別郡遠軽町生田原 143-4
電話	0158-49-4022
營業時間	4 ～ 10 月 9:30 ～ 18:00、11 ～ 3 月 10:00 ～ 17:00
公休日	4 ～ 10 月無休、11 ～ 3 月每週一公休；12/28 ～ 1/1

 洗手間　 無障礙洗手間　 Free 免費停車場　 餐廳／賣店　 自動販賣機　 嬰兒車友善環境　 雨天 ok

年齡	適合 2 歲以上～成人
參觀時間	1 ～ 2 小時
嬰兒車	可推嬰兒車進入

門票

	費用
成人	￥700
小學生	￥350
6 歲以下	免費

看似簡單卻不簡單的 Kapla 積木

🚃 交通指南

從「JR 生田原駅」步行約 10 分鐘即抵達

1. 這裡根本就是孩子的天堂啊！　2. 展示出來自世界各地的木頭藝品　3. 木製玩具體驗區

網走— 知床 沿路景點

景 藻琴站　景 北浜站　景 小清水原生花園
景 知床斜里通天大道　景 雙美瀑布（オシンコシン瀑布）
景 知床世界遺産中心

網走

藻琴站
【305 473 837】

知床世界遺産中心
【894 824 880】

斜里知床

北浜站
【305 447 683】

雙美瀑布
【894 727 226】

小清水原生花園
【958 080 518】

鄂霍次克海

白鳥展望公園
【305 448 064】

斜里

知床斜里通天大道
【642 559 410】

釧網本線

■ 本日行程
■ 本日餐廳
■ 周邊景點
【　】 Mapcode

網走—知床沿路景點

網走
| 行車資訊：8.2 公里（11分）

藻琴站、北浜站、小清水原生花園
| 行車資訊：53.1 公里（55分）

雙美瀑布
| 行車資訊：6.4 公里（7分）

知床斜里（知床世界遺産中心）

藻琴站

藻琴駅

地圖

　JR 釧網線上的「藻琴站」，從大正時代就一直沿用至今，充滿懷舊風格的它雖然外觀有些斑駁，但走進裡頭一瞧卻會讓人眼睛為之一亮。

　藻琴站過去是個有售票員、有站長的車站，從 1986 年改成無人車站後，原本車站內的事務所就改建成了喫茶店，名為「TOROKKO」。

店內的風格維持著車站事務所的原貌，早期保留下來的列車座椅及等待室裡的椅子，也都被拿來當成餐廳的座椅，餐廳內還展示著過去車站的票箱、暖爐、電扇以及站員曾戴過的帽子等物品。

1. 充滿著懷舊風的藻琴站　2. 很幸運的看見列車行經此站　3. TOROKKO 喫茶店

🔍 藻琴站（藻琴駅）

地址	北海道網走市字藻琴 38-1
電話	0152-46-2750（TOROKKO）
營業時間	10:00 ～ 17:00（TOROKKO）
公休日	不定休

年齡	全年齡適合
參觀時間	半小時
嬰兒車	可推嬰兒車進入
門票	免費

洗手間　免費停車場 Free　餐廳／賣店

嬰兒車友善環境　雨天 ok

🚃 **交通指南**

搭乘 JR 釧網本線至「藻琴駅」下車即抵達

北浜站

北浜駅

地圖

1. 北浜站　2. 車站內的輕食店：停車場　3. 車站內一隅

　　「北浜站」因其距離鄂霍次克海岸線最近而聞名，每到流冰季，月台旁就是佈滿流冰的海岸。釧網線上的「流冰 NOROKKO 號」是運行於網走與知床斜里間的臨時列車，每到冬天 NOROKKO 號搭載著遊客，來到漂著雪白流冰的鄂霍次克海峽時，它便以極緩慢的車速行駛，讓遊客能有充裕的時間欣賞這難得一見的流冰景象。NOROKKO 號的班次不多，一天只有兩個班次往返於兩站之間。

　　北浜站不大，車站內有間名為「停車場」的輕食店至今仍營運著，小小的店面讓人感覺既親切又溫馨。旅行中，能窩在這樣有溫度的小餐館裡，品嚐熱騰騰的咖哩飯，眼前所及又是一片汪洋大海，這真是最幸福不過的事了。

1. 爬上階梯可以看到更遠的風景　2. 軌道旁即是鄂霍次克海岸線　3. 距離北浜站不遠處的濤沸湖
4. 每年冬天會有許多白鳥飛來濤沸湖棲息避冬

🔍 北浜站（北浜駅）

地址	北海道網走市北浜無番地
電話	0152-46-2410（輕食店「停車場」）
營業時間	11:00 ～ 18:00（輕食店「停車場」）
公休日	每週二（輕食店「停車場」）

官網

年齡	全年齡適合
參觀時間	半小時
嬰兒車	可推嬰兒車進入
門票	免費

 洗手間　 Free 免費停車場　 餐廳／賣店

嬰兒車友善環境　雨天 ok

🚋 交通指南

搭乘 JR 釧網本線至「北浜駅」下車即抵達

遠方即是知床連山

小清水原生花園

地圖

1. 小清水原生花園
2. 原生花園站　3.
小清水原生花園展
望牧舍

　　國道 244 號沿線，位於鄂霍次克海與濤沸湖之間綿延約有 8 公里長的細長砂洲，這裡是「小清水原生花園」，於 2001 年被列為北海道遺產，目前隸屬於網走國家公園的一部分。小清水原生花園是座花園、也是座砂丘、亦是座火車站。在花園的入口旁有座「原生花園站」，這是釧網線上的一座無人車站，每年夏季，鐵道公司會派遣臨時駐站人員在此販售相關紀念商品，幸運的話，遊客也能親眼目睹火車停靠原生花園站的難得景象。

　　這座隆起的小砂丘上，種植著約有 40 多種的花卉，每年的 6 ～ 8 月是百花齊放的季節，花朵顏色有黃、有紫參雜在一起，將灰暗的大地染成一張色彩繽紛的畫布。對生活在道東的人來說，小清水原生花園裡的夏日花田實屬珍貴，畢竟這裡的夏季非常短暫，能夠在這片砂丘上看到如此生氣盎然、蓬勃生長的花朵，真的很幸福！

　　若是有機會在盛夏時節前來小清水原生花園的話，不妨在這片花田中找找那神祕、難得一見的黑百合喔！

1. 小清水原生花園對面即是濤沸湖濕地　2. 這些玩偶皆比照動物真實重量而製，可以讓孩子們親手抱抱看
3. 小清水原生花園有提供免費的單車租借

🔍 小清水原生花園

地址	北海道斜里郡小清水町浜小清水
電話	0152-63-4187
營業時間	8:30 ～ 17:30

年齡	全年齡適合
參觀時間	1 小時
嬰兒車	可推嬰兒車進入
門票	免費

洗手間　免費停車場 Free　餐廳／賣店
自動販賣機　嬰兒車友善環境　雨天 ok

🚃 交通指南

搭乘 JR 釧網本線，於「原生花園駅」下車即抵達

雙美瀑布
オシンコシンの滝

地圖

　　「雙美瀑布」位在通往知床斜里的國道334號路上，一旁設有停車場及賣店。順著指標往階梯步道走，沒多久就能看到從岩壁奔流而下的雙美瀑布。

　　雙美瀑布是知床八景之一，瀑布在中途處被分流成左右兩條支流，因此才有了「雙美瀑布」的美稱。瀑布寬度約30公尺，高低落差80公尺，站在步道上可以近距離的聽到轟隆隆的水聲，眼睛平視就能看到豐沛的泉水從岩壁上奔騰而下，場面著實壯觀。

1. 可以近距離聽見氣勢非凡、震撼人心的瀑布水聲　2. 緊鄰著國道334號的雙美瀑布　3. 這裡亦是自駕者的中途休息站　4. 沿著步道往內走，不久便可發現雙美瀑布的身影

🔍 雙美瀑布（オシンコシンの滝）

地址	北海道斜里郡斜里町宇登呂西
電話	0152-22-2125（知床斜里町觀光協會）
營業時間	全年開放
公休日	全年無休

官網

洗手間　免費停車場　餐廳／賣店　自動販賣機

年齡	全年齡適合
參觀時間	半小時
嬰兒車	不適合推嬰兒車進入
門票	免費

這個角度能捕捉到美麗的到此一遊照

🚃 交通指南

建議自駕

（同場加映）

知床斜里通天大道
天に続く道

　　從知床半島「宇登呂」往斜里方向的國道334號，是條筆直彷彿直通天際的道路，當地人稱為「通天大道」（天に続く道）。這條長約18公里的筆直道路，只要是行經知床斜里這一帶的人都會特地繞過來看看。

　　這個地方對自駕的人來說會比較容易抵達，通常只要是從網走開往知床的遊客都有機會目睹這條道路的丰采。這裡說不上是個明確的景點，有機會自駕行經此路段時，不妨將導航的 Mapcode 設定成 642 559 410，就能有機會從最棒的角度，親眼目睹這段通往天際的道路。

營業時間	全年開放
公休日	無
年齡	全年齡適合
嬰兒車	不適合推嬰兒車進入
門票	免費

🚃 交通指南

建議自駕

知床世界遺產中心
知床世界遺産センター

地圖

　「知床世界遺產中心」緊鄰著「道の駅う とろシリエトク」。這裡是知床地區的玄關 口，館內展示著許多生活在知床地區的動物 標本及模型，也設置了多個互動式的玩偶及 教具，讓孩子們藉由玩樂來認識這些平常生 活在知床半島的動物，是個寓教於樂的好地 方。

　在進入知床五湖後，是幾乎找不到商店的， 所以建議在道之駅うとろシリエトク先吃點 東西，或是買些輕食帶在車上享用（知床五 湖不能帶食物進入）。道之駅裡也設置了一 處知床觀光案內所，任何有關於知床地區的 觀光情報都可以詢問此地的工作人員。

1. 知床世界遺產中心　2. 3. 在這兒，孩子們能看見許多不常見的動物標本及圖片

🔍 知床世界遺產中心（知床世界遺産センター）

地址	北海道斜里郡斜里町西宇登呂 186-10
電話	0152-24-3255
營業時間	夏季 8:30 ～ 17:30；冬季 9:00 ～ 16:30
公休日	冬季：10/21 ～ 4/19 每週二公休；年末年始 12/29 ～ 1/3 公休
	（夏季：4/20 ～ 10/20 無休）

官網

 洗手間
 免費停車場
 餐廳／賣店
 自動販賣機
 嬰兒車友善環境
 雨天 ok

年齡	全年齡適合
參觀時間	1 小時
嬰兒車	可推嬰兒車進入
門票	免費

知床觀光案內所

在這兒，孩子們能看見許多不常見的動物標本及圖片

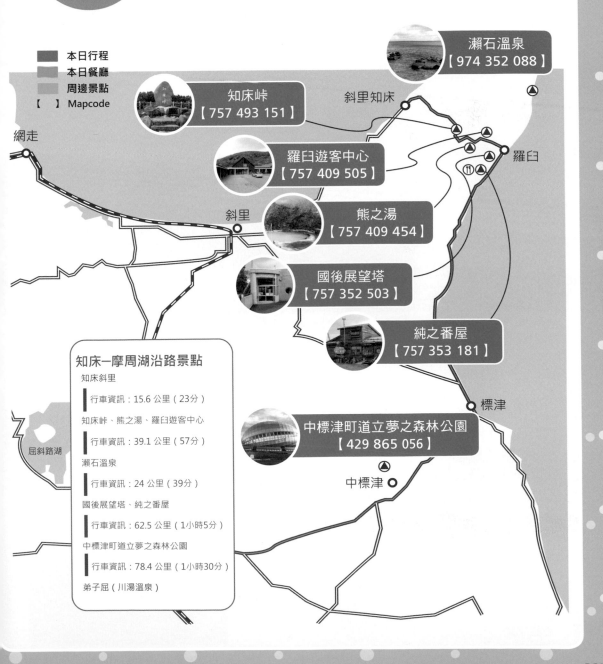

知床—摩周湖 沿路景點

景 知床峠　景 熊之湯　景 羅臼遊客中心　景 瀨石溫泉
景 國後展望塔　景 純之番屋　景 中標津町道立夢之森林公園

本日行程
本日餐廳
周邊景點
【　】 Mapcode

瀨石溫泉
【974 352 088】

知床峠
【757 493 151】

斜里知床

羅臼

網走

羅臼遊客中心
【757 409 505】

斜里

熊之湯
【757 409 454】

國後展望塔
【757 352 503】

純之番屋
【757 353 181】

標津

知床—摩周湖沿路景點

知床斜里

┃ 行車資訊：15.6 公里（23分）

知床峠、熊之湯、羅臼遊客中心

┃ 行車資訊：39.1 公里（57分）

瀨石溫泉

┃ 行車資訊：24 公里（39分）

國後展望塔、純之番屋

┃ 行車資訊：62.5 公里（1小時5分）

中標津町道立夢之森林公園

┃ 行車資訊：78.4 公里（1小時30分）

弟子屈（川湯溫泉）

屈斜路湖

中標津町道立夢之森林公園
【429 865 056】

中標津

知床峠

地圖

　「知床峠」位於國道 334 號橫跨知床山脈的最高點，而這一段橫斷道路是連接斜里町與羅臼町兩地的主要聯絡通道。知床峠位於海拔 738 公尺處，視野非常遼闊，站在這裡可以輕易的眺望羅臼岳，天氣晴朗時亦能遠眺更遠處的國後島。

　這段從知床通往羅臼的橫斷道路，其通車時間只有每年的 4 月下旬至 11 月上旬，冬季則會因積雪而封閉。不過即使在 4～11 月的通車期間，也有可能因路況不佳或突如其來的大霧而暫時封閉道路（若遇道路封閉，可前往「知床自然中心」詢問）。

1. 知床山脈的最高點：知床峠　2. 這裡的天氣陰晴不定，經常會遇到封閉道路的窘況

🔍 知床峠

電話	0152-22-2125（知床斜里觀光協會）
營業時間	4 月下旬至 11 月上旬
公休日	無休（冬季封路，每年 4 月中旬開通）

官網

年齡	全年齡適合
參觀時間	半小時
嬰兒車	可推嬰兒車進入
門票	免費

 洗手間　 免費停車場 Free

 嬰兒車友善環境

🚃 交通指南

建議自駕

地圖

羅臼溫泉熊之湯
羅臼溫泉熊の湯

　　從知床前往羅臼的途中，路旁有個不太顯眼的招牌寫著「熊之湯」，這裡可是深受當地人喜愛的露天野湯，更是知床地區的祕湯之一，也正因為這附近曾經有熊出沒，因而取名為「熊之湯」。

　　熊之湯被茂密的樹林圍住，停好車後，徒步越過「出湯橋」，橋下汩汩溪流即是羅臼川，而橋的另一端隱約可見一幢木造小屋，這裡是女性朋友的更衣室及湯屋。早期的熊之湯是一座男女混浴的露天野湯，但後來用木板隔開，闢建了一座女性專屬的露天溫泉，這才開始改成男女分浴。

　　要進入熊之湯泡溫泉首先得遵守入浴約定，必須要先沖過澡才能進入湯池、不能飲酒、禁止穿泳衣入湯，甚至還規定遊客在清掃時間時必須要幫忙打掃。熊之湯雖為野湯，但當地熱心的民眾會協助管理，每日清晨3:00～7:00是湯池固定的打掃時間，於這時間前來泡湯的遊客也會被要求一起幫忙打掃，共同維護這座露天野湯的品質。

1. 羅臼著名的露天祕湯：熊之湯　2. 受當地人青睞的露天野湯　3. 羅臼川

羅臼溫泉熊之湯（羅臼溫泉熊の湯）

地址	北海道目梨郡羅臼町湯ノ沢町
電話	0153-87-2126（羅臼町役場業創生課）
營業時間	全天開放（每日 3:00 ～ 7:00 為打掃時間）
公休日	全年無休

年齡	適合 4 歲以上～成人
參觀時間	半小時
嬰兒車	不適合推嬰兒車進入
門票	免費

Free 免費停車場

越過出湯橋即可來到熊之湯

🚍 交通指南

建議自駕

羅臼遊客中心
羅臼ビジターセンター

地圖

　「羅臼遊客中心」是日本環境省為了結合人文與自然而設置的一座觀光設施，透過模型展示、圖像解說，讓遊客能用更親近的角度來認識知床半島。

　進入知床半島，有許多規則必須嚴格遵守，而遊客中心也被賦予著「傳達守護知床這片原生大自然」的使命。像是不能餵食野生動物、不能誤闖植生地踐踏植物、不能帶著寵物進入原生林、在野外不烹煮食物等，以上規定都必須請大家共同遵守才能保護這座天然的原始森林。

　沿著羅臼遊客中心旁的指標往深處走，這裡藏匿著一處間歇泉。大約每間隔 50 分鐘就會噴發一次，據說噴發的強度可達 7 公尺高。

1. 羅臼遊客中心　2. 提供許多羅臼地區的觀光資訊　3. 虎鯨的骨骼標本

1. 俏皮的蝦夷鹿　2. 棕熊食魚的畫面　3. 館內在特定時間有影片播放，介紹著羅臼的四季

🔍 羅臼遊客中心（羅臼ビジターセンター）

地址	北海道目梨郡羅臼町湯ノ沢町 6-27
電話	0153-87-2828
營業時間	9:00 ～ 17:00（11 ～ 4 月 10:00 ～ 16:00）
公休日	每週一、年始年末

官網

年齡	適合 3 歲以上～成人
參觀時間	1 小時
嬰兒車	可推嬰兒車進入
門票	免費

洗手間　無障礙洗手間　免費停車場 Free　嬰兒車友善環境　雨天 ok

🚌 交通指南

建議自駕

地圖

瀨石溫泉
セセキ温泉

　　知床地區露天野溪溫泉非常盛行，「瀨石溫泉」就位在羅臼道道 87 號線上，是一座座落於海中的祕湯。這個在海邊以天然礁岩圍成的溫泉池，每當漲潮，就會被海水淹沒消失，僅有退潮的時候才會顯露在外。

　　瀨石溫泉雖然是一座免費的露天溫泉，但都由一旁的「濱澤水產商店」負責打掃管理，因此若有打算要入湯的話，最好還是先跟店家打聲招呼，以示禮貌。記得前來瀨石溫泉時，請務必查好當天的潮汐表，以免抵達時剛好遇到漲潮，那可就無緣見到瀨石溫泉的真面目了。

1. 位在海中的祕湯：瀨石溫泉　2. 由海濱旁的濱澤水產商店負責管理

🔍 瀨石溫泉（セセキ温泉）

官網

地址	北海道目梨郡羅臼町瀨石
營業時間	全天開放
公休日	無休

年齡	適合 4 歲以上～成人
參觀時間	半小時
嬰兒車	不適合推嬰兒車進入
門票	免費

Free
免費停車場

🚌 交通指南

建議自駕

國後展望塔
国後展望塔

地圖

1. 國後展望塔　2. 羅臼町全貌

「國後展望塔」位在羅臼市中心海拔約 176 公尺的小山丘上，是座以眺望國後島為目的所設立的展望塔。羅臼外海的國後島是日本與俄羅斯長期以來一直在爭奪主權的地方，在國後展望塔內，展示著諸多關於北方領土問題的相關資料，以及促進返還運動的造勢活動資料等，期望有朝一日俄羅斯能夠將北方領土歸還給日本。

登上國後展望塔，面對著一望無垠的根室海峽及羅臼町市景，那景色煞是迷人。有些人會特地前來國後展望塔等待日出，看那黃澄澄的太陽光從遠處的國後島緩緩升起，對當地人來說，或許就代表著好運即將降臨吧？

🔍 國後展望塔（国後展望台）

地址	北海道目梨郡羅臼町礼文町 32-1
電話	0153-87-4560
營業時間	4～10 月 9:00～17:00、11～1 月 10:00～15:00、2～3 月 9:00～16:00
公休日	11～4 月：每週一（5～10 月無休）、年末年始（12/29～1/5）

官網

年齡	適合 6 歲以上～成人
參觀時間	半小時
嬰兒車	可推嬰兒車進入
門票	免費

 洗手間　 Free 免費停車場　 自動販賣機

 嬰兒車友善環境　 雨天 ok

🚊 交通指南

建議自駕

純之番屋
純の番屋

地圖

　追著日劇《來自北國》的腳步走，也算是在北海道旅行的一大樂趣。最終章《來自北國 2002 遺言》裡，劇情走出了富良野來到羅臼地區，這是劇中男主角的兒子「黑板純」在羅臼町生活的一段故事。拜這部日劇所賜，讓許多《來自北國》的影迷追劇追到羅臼來，也意外的提升羅臼的觀光人潮。

　位於羅臼海濱的這棟「純之番屋」，是照著黑板純當時居住在羅臼時的住處重建而成的，遠看一度誤以為它已荒廢，但實際上是一間販售著海鮮料理的食堂。每年的 11 月到翌年 4 月為純之番屋的冬季休業期，大家在規劃行程時要特別留意，可別撲空了。

1. 好似荒廢的房子，現實中是間開業中的料理食堂　2. 3. 追著日劇腳步來到純之番屋

🔍 純之番屋（純の番屋）

地址	北海道目梨郡羅臼町礼文町 2
電話	0153-87-5667
營業時間	9:00 ～ 16:00
公休日	5 ～ 10 月不定期公休（基本上無休）；11 ～ 4 月冬季休業

官網

年齡	全年齡適合
參觀時間	1 小時
嬰兒車	可推嬰兒車進入
門票	免費

洗手間　　Free 免費停車場　　餐廳／賣店　　嬰兒車友善環境　　雨天 ok

🚃 交通指南

建議自駕

中標津町道立夢之森林公園

中標津町道立ゆめの森公園

地圖

①

會喜歡上北海道，除了這裡有著豐富的大自然資源之外，再者就是日本政府闢建許多道立公園，讓北海道的孩子能夠無憂無慮的玩樂、自由自在的親近大自然。只能說這些貼近民心的親子設施看在爸爸媽媽眼裡，可都是彌足珍貴的寶藏啊！

位在中標津町的「道立夢之森林公園」，佔地約有54.2公頃，不僅僅擁有茂密的樹林、廣闊的大草地、高爾夫球場及屋外遊具設備，還設置了一座外觀像極了幽浮的室內遊具場，孩子們在這寬敞的室內空間裡自由探索，非常盡興！在室內遊樂場裡，可以發現這裡的遊樂設施是很獨特、很吸引人的，像機械三輪車就大約有十多種不同的造型，不同年齡層的孩子都能找到自己所能駕馭的車子；還有大人小孩都覺得刺激的超陡溜滑梯，這可是連大人都會發出尖叫聲的遊樂設施啊！

1. 外觀像顆幽浮的道立夢之森林公園　2. 館內有販售簡單輕食及用餐區　3. 進入室內遊戲區請務必脫鞋並整齊擺放好　4. 寬廣的室內空間是北海道孩子冬日消耗體力的好地方

　　道立夢之森林公園的戶外也非常精彩，像是水上浮板，就如同早期電視節目百戰百勝裡的步步驚魂，踩在上面一個不留意就會跌到水裡，非常刺激。還有，一旁的小湖裡浮著一艘艘的木筏，小孩都迫不及待的想跳上木筏划出去呢。

　　夢之森林公園能夠玩耍的地方不僅只有上述這些，還有夏日戲水池、戶外超長溜滑梯、戶外攀岩場，也有露營區、烤肉區；而冬天一到，戶外瞬間變成全民的滑雪場，一年四季都是孩子們的快樂天堂。

1. 這座建築外觀不論從哪個角度看都好壯觀　2. 幼兒版雙人協力車　3. 驚險刺激的溜滑梯
4. 戶外遊戲區

孩子們最愛的溜滑梯

🔍 中標津町道立夢之森林公園（中標津町道立ゆめの森公園）

地址	北海道標津郡中標津町北中 2-5
電話	0153-72-0471
營業時間	夏季 5 ～ 11 月 6:00 ～ 19:00、冬季 12 ～ 4 月 8:00 ～ 18:00
	（遊客中心 9:00 ～ 17:00）
公休日	年末年始（12/30 ～ 1/5）

官網

| 洗手間 | 無障礙洗手間 | 免費停車場 | 自動販賣機 | 哺乳室 | 尿布台 | 嬰兒車友善環境 | 雨天 ok |

年齡	全年齡適合
參觀時間	2 小時
嬰兒車	可推嬰兒車進入
門票	免費

🚃 交通指南

建議自駕

帶廣—富良野 沿路景點

○ 景 熊牧場　景 幾寅站（電影《鐵道員》的幌舞站）
景 TOMAMU 星野度假村

圖例
- 本日行程
- 本日餐廳
- 周邊景點
- 【　】 Mapcode

富良野

根室本線

幾寅站《幌舞站》
【 550 293 173 】

幌舞駅

熊牧場
【 901 022 583 】

新得

金山湖
【 550 254 886 】

星野度假村
【 608 511 212 】

石勝線

根室本線

帶廣

帶廣競馬場
【 124 622 189 】

帶廣—富良野沿路景點

帶廣

　行車資訊：53.8 公里（1小時6分）

熊牧場

　行車資訊：35.1 公里（36分）

星野渡假村

　行車資訊：27.3公里（30分）

幾寅站（電影《鐵道員》的幌舞站）

　行車資訊：35.9 公里（42分）

富良野

地圖

新得町熊牧場
サホロリゾートベアマウンテン

　　懷著既興奮又緊張的心情來到這座位於新得町的「熊牧場」，車上兩個孩子看到斗大的熊招牌，早已掩飾不住心中的亢奮情緒，在還沒走進大門口前，就已經開心的活碰亂跳，期待著與棕熊相見的那一刻。

　　新得町的熊牧場，儼然就是個棕熊的天然棲息地。平常在山區活動，總是擔心遇上棕熊，畢竟牠是具有攻擊性的動物，如果一般人碰到不知該如何處理的話，可能會釀成人身傷害也說不定。新得町的熊牧場是日本唯一一座能夠親眼目睹野生棕熊在森林裡生活的牧場，牠們沒有被牢籠所拘束，而是自由自在的生活在廣大的原始森林裡。

　　如果有機會來到南富良野一帶，很推薦大家帶著孩子一同前來探索生活在大自然裡的棕熊，來看看棕熊們平時互動、生活的模樣。其實生活在一起的棕熊們就像手足一樣，不時也會調皮、嬉戲、打鬧，那可愛的模樣有時看來還真的很逗趣呢！

1. 位於新得町的熊牧場　2. 搭乘熊專車深入棕熊棲息地　3. 熊專車上加裝防護鐵欄，是台非常難攻陷的戰車
4. 認真的司機邊開車邊導覽

館方規劃了兩種路線，讓遊客能夠近距離的觀察棕熊的真面目，一個是搭乘熊專車進入森林裡，另一個則是走在園區規劃的高架遊步道上探訪棕熊。熊專車一天只有固定幾個班次，司機會在棕熊常出沒的地區做定點式的停留，一路上司機邊開著車邊介紹棕熊的特性及平日的生活作息。這裡的司機及飼養員對森林裡的每隻棕熊都非常的了解，在我們看來都長得一樣的棕熊，他們卻都能辨識出特徵，並喊出名字來，實在厲害。

1. 從車上就能親眼目睹棕熊現身眼前　2. 北海道「棕熊出沒」警語上的本尊　3. 雖然棕熊具有攻擊性，但其實也有俏皮可愛的一面

🔍 新得町熊牧場 （サホロリゾートベアマウンテン）

地址	北海道上川郡新得町狩勝高原
電話	0156-64-7007
營業時間	9:00 ～ 16:00（4/27 ～ 10/20）
	※ 冬季 1 ～ 2 月有開放，但請務必事先預約
公休日	5、6 月的每週二及 10 月的每週二

官網

年齡	適合 2 歲以上～成人
參觀時間	2 小時
嬰兒車	高架遊步道上可推嬰兒車進入

門票

步道橋步行散策	費用
成人	￥2,200
4 ～ 12 歲	￥1,650
3 歲以下	免費

搭乘熊專車	費用
成人	￥3,300
4 ～ 12 歲	￥2,750
3 歲以下	免費

 洗手間
 無障礙洗手間
 免費停車場
 餐廳／賣店
 自動販賣機
 投幣式置物櫃
 哺乳室
 尿布台
 嬰兒車友善環境

🚃 交通指南

從「JR 新得駅」下車搭乘計程車約 15 分鐘即抵達

幾寅站（電影《鐵道員》的幌舞站）
幾寅駅

地圖

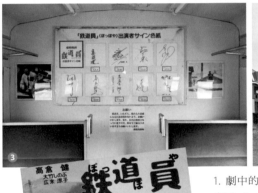

1. 劇中的「幌舞站」太過出名，早已取代了現實中「幾寅站」的本名了　2. 車站內播送著《鐵道員》的經典片段　3.《鐵道員》演員的親筆簽名　4. 劇中的だるま食堂還完好的保留著　5. 牆上到處懸掛著《鐵道員》的海報

南富良野的「幾寅站」，在現實生活中是座無人車站，既沒有售票員也沒有站長，雖然鮮少人在此搭車，一整天的班次也不多，但依舊照著牆上的時刻表運行著。

會特地前來幾寅站，是為了一部從小說改編而成的電影《鐵道員》。這部電影是由日本知名男演員「高倉健」主演，以平舖直敘的方式紀錄著一條因產業興衰而即將廢止的鐵路，與一位盡忠職守、堅守崗位的鐵道員的故事，電影以幾寅站為主要的拍攝舞台。在劇中，這裡不叫幾寅站，而是稱為「幌舞站」，也因此幌舞站這個名字還比幾寅站來得讓人記憶深刻呢！

車站內的電視放送著《鐵道員》的經典片段，雖然是數十年前的電影了，電影的畫質也不盡理想，但隱約能看到幾位喊得出名字的熟悉面孔，像是志末涼子及志村健先生都是電影裡的重要角色。在車站周圍還有幾處電影裡曾出現過的場景，像是志村健喝醉酒的「だるま食堂」，還有「ひらた理容院」、「井口商店」、「赤い倉庫」等幾棟劇中曾出現過的屋子，至今都還被保留著，讓影迷們來到此地時，仍能看著這些熟悉的建築物回味電影裡的橋段。

　　走向月台，很幸運的剛好有班列車到站，雖然月台上無人候車，也沒有人從列車上下來，但這座車站就如同《鐵道員》的情節般，日復一日的運行著。老實說，身為大人的我們走進幾寅站，心中不免受到劇情影響而感到些許惆悵。但身旁這兩位天真無邪的孩子，卻把這座無人車站當成是他們的遊樂園，在車站裡開心的扮演起售票員與乘客的遊戲，玩得不亦樂乎呢！

1. 劇中女主角廣末涼子登場的小屋　2. 車站內的候車座位　3. 孩子在這無人車站裡玩起售票員及乘客的遊戲

🔍 幾寅站

地址	北海道空知郡南富良野町字幾寅
公休日	無
年齡	全年齡適合
參觀時間	半小時
嬰兒車	可推嬰兒車進入
門票	免費

Free
免費停車場

嬰兒車
友善環境

雨天 ok

🚃 交通指南

搭乘 JR 根室本線，於「幾寅駅」下車即抵達

TOMAMU 星野度假村

星野リゾートトマム

地圖

　　位於南富良野的「TOMAMU 星野度假村」，可說是北海道親子度假村的最佳代表。但可能鮮少有人知道「TOMAMU 星野度假村」的過往故事，其實在 10 多年前它曾是間歷經 5 次倒閉的旅館，直到星野集團接手改建後才變成如今這般來客絡繹不絕的度假村。

　　「TOMAMU 星野度假村」所在的占冠村，是一處被原始山林圍繞的荒原，原本就屬於交通不便的區域，加上冬季下雪時的嚴峻氣候，導致這裡宛如荒野般與世隔絕，飯店也不易經營。不過 2004 年在星野集團接管後，翻轉了 TOMAMU 度假村的命運，它們徹底審視了當地的環境特色，並充份利用寬廣的腹地，打造了一座春夏秋冬四季都非常有看頭的度假村。

　　TOMAMU 星野度假村最受歡迎的季節是冬季，星野集團打造了 29 條滑雪道，堪稱北海道境內規模最大的滑雪場，也因此冬季的房位經常一房難求。如果你以為冬季來到星野度假村只能滑雪，那可就大錯特錯了，星野集團抓住占冠村冬季氣候嚴寒的特點，打造了冬季限定的「愛絲冰城」（Ice Village），村子內座落著一幢幢愛斯基摩人的冰屋，遊客能在冰屋裡小酌一番；戶外也闢建了一處溜冰場，讓冬季的夜裡還能聽到不絕於耳的歡笑聲。

　　而夏季呢？其實星野度假村的夏天也有很厲害的「雲海瀑布」，這幕景象只有在每年的 5 月到 10 月清晨才有機會看到。入住的房客在清晨時就得搭乘纜車上山，碰到天候狀況良好的話，大多都能觀賞到美麗的雲海；但若是遇上天候狀況不佳，那在雲海平台上就只剩霧茫茫的一片，什麼也沒有。所以，要觀賞到奇蹟絕景也不是件容易的事呢！

以星野度假村來說，它應是被歸類為以滑雪為賣點的度假型飯店，但如果一間飯店僅能倚靠冬季短短幾個月的營運來支撐，那飯店也許會一直重蹈覆轍營運不善的命運。所以星野集團在翻轉 TOMAMU 度假村時，是以一年四季都值得前來的目標為宗旨。冬季滑雪、夏季雲海，度假村內終年皆有的微笑海灘、木林之湯及安藤忠雄水之教堂，讓旅客一年四季不論何時前來星野度假村，都能體驗其無窮的魅力。

1. 各個景點的聯絡通道　2. TOMAMAU 星野度假村 yukku yukku 兒童遊戲區　3. TOMAMU 星野度假村 冬季滑雪道

微笑海灘 (mina mina beach)

TOMAMU 星野度假村裡的「mina mina beach」，是日本最大的室內海灘，海灘終年開放並維持在一定的溫度，即便你在下著雪的冬日前來，依舊能沉浸在這片溫暖的海灘裡。海灘上到處都是開朗忘懷的笑聲，每個人的臉上也都展露著燦爛的笑顏，因此 mina mina beach 又有個很可愛的中文名字喚作：微笑海灘。

微笑海灘和木林之湯設在同一建築裡，一般旅客都會在海灘玩耍後，再至木林之湯泡湯，一次享受兩種不同設施，玩樂與放鬆都兼顧到了。入住 TOMAMU 星野度假村的房客可以免費使用這兩項設施，若是一般外來的遊客，也可付費來微笑海灘玩樂，成人 2,600 円／天、兒童 1,000 円／天。

安藤忠雄水之教堂

　　星野 TOMAMU 度假村裡的水之教堂，是安藤忠雄先生 1988 年的作品，以佇立在水中的純白十字架聞名。建築本體環繞於大自然森林中，整座教堂使用許多十字型元素構成。走進教堂靜坐在長椅上，凝視著前方的十字架，心也不知不覺地隨之安穩、踏實。

　　水之教堂是由兩個不同尺寸的正立方體堆疊而成，教堂主體建築上層的正立方體，是由四座大型十字架組成，外圍再用落地窗圍繞，而落地窗也都採用十字架的元素。教堂前方人工水池，引入附近河流的河水，營造出十字架孤立於水池中的神聖意境。安藤忠雄的建築之所以吸引人，在於他很會利用大自然賦予的條件而建造出獨特的建築。所以不論是白天或夜晚，你看到的畫面及感受的氛圍迥然不同。

★水之教堂開放時間：20:30 ～ 21:30 （最終入場 21:25）

1. 2. 安藤忠雄水之教堂

1. 超人氣森林餐廳— Nininupuri 2. 喜歡海鮮的饕客適合 Buffet Dining hal

🔍 TOMAMU 星野度假村（星野リゾートトマム）

地址	北海道勇払郡占冠村中トマム
電話	**0167-58-1111**

官網

年齡	全年齡適合
參觀時間	1 ～ 2 小時
嬰兒車	可推嬰兒車進入
門票	住宿者免費；一般遊客依各設施收費
Mapcode	608 511 304

 洗手間　 Free 免費停車場　 餐廳／賣店　 自動販賣機　 嬰兒車友善環境

🚃 交通指南

自駕尤佳

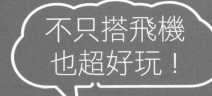

不只搭飛機
也超好玩！

Chapter 5

機場周邊行程

新千歲機場

地圖

　說新千歲機場是間可以讓人掏空荷包的機場，可是一點也不為過啊！這裡根本就是一座集結購物和遊樂園的複合式商場，讓大人買到忘我，小孩迷失在遊樂園裡久久不肯離開。如果你真的遵照「起飛前 2 小時到機場報到」的話，那時間肯定不夠把新千歲機場好好的走一遍。所以強烈建議大家，請務必提早前來報到，畢竟這座機場實在是太好逛了。

　不論是國際線航廈或是國內線航廈，這裡儼然就像是座百貨商場，有免稅店、土產店、藥妝店，甚至兩棟航廈之間的連絡通道更是精彩。在連絡通道的 3 樓，有「哆啦 A 夢空中樂園」、「Hello Kitty 空中樂園」、

「Steiff 泰迪熊商店」、「Royce' Chocolate World」以及「北海道牛乳カステラ」。國內線航廈的 3 樓則是美食廣場，集結了各式各樣的北海道風味料理，光是拉麵店就聚集了好幾間，梅光軒、旭川拉麵、弟子屈、一幻、札幌拉麵等，在出境前還能品嚐到北海道最誘人的拉麵湯頭。

　來北海道旅行，如果是從新千歲機場離開，建議在旅遊途中就別買太多甜點伴手禮了。這些甜點的賞味期限多半不長，等到旅遊結束再帶回台灣可能都快過期了。為了確保新鮮，賞味期限較短的甜點建議在出境前於新千歲機場的土產店一次買齊即可。

1. 國際線與國內線的連絡通道：Smile Road　2. Royce' Chocolate World　3. 琳瑯滿目的 Royce 系列商品
4. Steiff 博物館

哆啦 A 夢空中樂園

①

②

1. 歡迎來到哆啦 A 夢空中樂園　2. 哆啦 A 夢甜點店：這麼可愛的鯛魚燒怎麼捨得吃下去呢！　3. 免費的兒童遊樂區　4. 走進哆啦 A 夢空中樂園可以看見許多卡通裡的場景

③

④

　　新千歲機場內的「哆啦 A 夢空中樂園」，是世界上第一座設立在機場內的小叮噹遊樂設施，是間以體驗、探索、求知與歡樂為概念打造的空中樂園。對 6、7 年級生來說，哆啦 A 夢算是伴隨著大家成長的卡通，雖然這世代的孩子不見得認識它，但小孩子對於卡通人物的接受度多半都很高，來走一趟大概就能喊出每個角色的名字了。

　　哆啦 A 夢空中樂園內總共分成三個區塊，遊玩區（プレイエリア）、體驗區（ふしぎ体験エリア）與哆啦 A 夢互動區（グリーテ

ィングエリア）。遊玩區四周有許多互動性的遊戲可以體驗，像是孩子可以站在螢幕前揮動雙手，與螢幕上的哆啦 A 夢做互動。體驗區是充滿驚奇的一個區塊，透過 3D 的效果，好像身歷其境的走進漫畫裡。最後哆啦 A 夢互動區則是可以看到真實的哆啦 A 夢現身眼前表演，表演完還能拍張合照留念。

　　回國前別忘了帶孩子來這裡玩耍、消耗體力，這個區塊不僅僅有哆啦 A 夢空中樂園，還有哆啦 A 夢咖啡廳、圖書館、紀念品賣店，絕對是回國前必來的打卡點。

🔍 哆啦 A 夢空中樂園

地址	新千歲機場國內航廈連絡設施 3F Smile Road
營業時間	公園區 10:00 ～ 18:00（最後入場時間 17:30） 商店區 10:00 ～ 18:30 咖啡廳 10:00 ～ 18:00（最後點餐時間 17:00） DIY 體驗區 10:00 ～ 18:00（最後入場時間 17:00）

門票　公園區

	費用
成人	￥800
國中 / 高中生	￥500
小學生以下	￥400
2 歲以下幼兒	免費

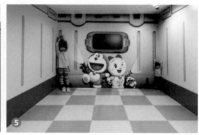

1. 互動遊玩區　2. 紀念品店販售哆啦A夢周邊商品，讓媽媽買到手軟　3.4.5. 哆啦A夢空中樂園裡的卡通場景

🔍 新千歲機場（新千歲空港）

地址	北海道千歲市美々 987-22
電話	0123-23-0111（機場綜合案內）
營業時間	國際線 5:00 ～ 20:00、國內線 5:00 ～ 23:00、 機場連絡設施 5:00 ～ 23:00
公休日	全年無休

年齡	全年齡適合
參觀時間	2 ～ 3 小時
嬰兒車	可推嬰兒車進入
門票	免費

官網

洗手間　無障礙洗手間　付費停車場　餐廳／賣店　自動販賣機

投幣式置物櫃　Free wifi　哺乳室　尿布台　嬰兒推車租借

嬰兒車友善環境　雨天 ok

🚃 交通指南

從「JR 札幌駅」搭乘地鐵，於「新千歲空港」下車即抵達

函館機場國內線航廈
函館空港国内線ターミナルビル

地圖

　北海道除了新千歲機場比較像個真正的國際機場，其他座落在各城市的國際機場規模都非常小，函館機場國際線航廈就是其中規模非常小的一座。若是從函館機場回國的朋友，請一定要從國際線航廈內的連絡通道走至國內線航廈，在國內線航廈裡不論是要覓食或是採買土產，都能滿足需求。另外，在國內線航廈 3 樓，還有 Kids Corner 及 Game Corner 兩個兒童遊樂區，上機前讓孩子在此跑跳消耗體力，上飛機後也會比較好入睡。

　小巧的函館機場國內線航廈裡，土產店雖然沒有新千歲機場來的多樣，但也差不多聚集北海道最重要的幾樣甜點伴手禮了，所以別擔心買不到，只要擔心提不提的回去就好了。

在函館機場採買伴手禮時，曾遇到一個小插曲，在此也一併和大家分享。通常來到函館機場，會習慣先到國際線航廈辦理登機手續，再前往國內線航廈購物，此時由於還沒出海關，所以在這之後購買的土產還得再經過手提行李檢查。要特別提醒的是，如果購買的土產內含有液體的話（果凍類也歸類為液體），超過 100ml 是不能提上飛機的。所以如果運氣好，遇到和藹親切的海關，會允許你把物品拿回 Check in 櫃台辦理托運；如果是遇到嚴謹的海關，或許會強制把這些東西沒收或是仍到回收桶。請大家在購買土產時格外留意囉（一般國際機場都是出關後於免稅店消費，就沒有這樣的問題）！

1. 函館機場國內航廈裡的土產店　2. 土產店旁有處可以讓孩子們玩耍的區塊　3. 4. 國內航廈 3 樓的 Kids Corner

1. 2. 3. 國內航廈裡的餐廳

🔍 函館機場國內線航廈

地址	北海道函館市高松町 511
電話	0138-57-8881
公休日	全年無休

官網

年齡	全年齡適合
參觀時間	1 ～ 2 小時
嬰兒車	可推嬰兒車進入
門票	免費

 洗手間　 無障礙洗手間　 付費停車場　 餐廳／賣店　 自動販賣機

 投幣式置物櫃　 哺乳室　 尿布台　 嬰兒車友善環境　 雨天 ok

🚃 交通指南

從「JR 函館駅」前的巴士總站搭乘前往函館機場巴士，
約 20 分鐘即抵達

機場巴士時刻表

MAPCODE 索引

札幌

景	白色戀人公園	9 603 300
景	大倉山展望台	9 455 793
景	円山動物園	9 488 063
景	北海道神宮	9 487 340
景	莫埃來沼公園	9 712 813
景	札幌 SATOLAND 體驗農場	
		9 740 091
景	豐平川綠地水公園	9 372 197
景	藻岩山山麓站	9 400 432
景	北海道大學	9 552 810
景	北海道廳舊本廳舍	9 522 335
景	時計台	9 522 206
景	大通公園 (札幌電視塔)	9 523 036
景	瀧野鈴蘭丘陵公園 中央口	9 016 113
景	瀧野鈴蘭丘陵公園東口	
		867 572 605
景	札幌巨蛋	9 349 466
景	羊之丘展望台	9 287 533
景	北海道立真駒內公園	9 282 720
景	小樽市綜合博物館運河館	
		493 690 704
景	小樽運河	493 690 414
景	舊手宮線遺跡	493 690 518
景	小樽潮祭	493 690 682
景	小樽天狗山纜車場	164 657 042
景	定山溪豐平川划船	708 755 707
景	定山溪農場	708 633 724
景	豐平峽溫泉	708 694 573
景	豐平峽水庫	708 634 260
購	狸小路商店街	9 492 555
購	JR 札幌車站	9 522 741
購	ARIO 購物中心	9 554 206
購	AEON EXPRESS 超市	9 681 421
購	札幌三井 Outlet Park	9 206 209
購	堺町通商店街	493 691 090

食	札幌啤酒園（ジンギスカンホール）	
		9 554 261
食	Soup Curry & Dining Suage+	
		9 492 377
食	Picante 札幌駅前店	9 523 330
食	天狗山展望レストランてんぐ	
		164 657 042
食	可樂拉麵	708 745 655

旭川

景	旭山動物園	79 357 892
購	AEON 購物中心	79 343 401
食	山頭火拉麵 旭川本店	79 343 439

美瑛

景	青池	349 569 574
景	白鬚瀑布	796 182 604
景	皆空窯	349 598 540
景	美鄉不動尊	349 626 458
景	四季彩之丘	349 701 156
景	新榮之丘	349 790 676
景	吹上溫泉	796 032 435
食	步人	349 653 867
食	Caferest 木のいいなかま	
		349 882 779

富良野

景	富良野起司工房	550 840 200
景	カンパーナ六花亭	349 060 668
景	富田農場	349 276 889
景	新富良野王子飯店 森林精靈露台	
		919 553 394
景	富良野水晶音樂館	550 802 275
景	富良野果醬園	550 803 272
景	麓鄉之森	550 830 219
景	五郎石之家	550 833 335

景 拾來之家	550 798 112
景 麓鄉展望台	550 774 848
景 富良野玻璃館	550 798 017
食 とみ川拉麵	550 768 851
食 唯我獨尊咖哩飯	349 032 066
食 富良野葡萄酒莊	349 060 365

紋別

景 紋別冰海展望塔	801 585 678
景 鄂霍次克海豹中心	801 585 669
景 鄂霍次克流冰科學中心	801 585 104
景 鄂霍次克流冰公園	801 527 819
食 紋別白咖哩 MARINA	401 357 830

網走

景 能取岬	991 104 011
景 博物館網走監獄	305 582 179
景 北方民族博物館	305 584 248
景 鄂霍次克流冰館	305 584 727
景 道立鄂霍次克公園	305 554 769
景 能取湖珊瑚草	525 359 368

知床

景 知床自然中心	757 603 547
景 知床五湖	757 730 276
景 神之水溫泉瀑布	757 855 178
景 知床觀光船	894 854 435

摩周湖

景 摩周湖第一展望台	613 781 430
景 神之子池	910 216 103
景 川湯公園牧場	731 745 091
景 硫磺山	731 713 859
景 川湯生態博物館中心	731 802 075
景 屈斜路湖砂湯	638 148 376
景 美幌峠	638 225 456
景 摩周湖第三展望台	613 870 658
景 裏摩周湖展望台	910 038 658

景 和琴溫泉	731 547 284
食 Orchard Grass（川湯溫泉駅內）	
	731 715 582
食 弟子屈拉麵總本店	462 880 210

阿寒湖

景 阿寒湖	739 341 767
景 遠內多湖	783 761 885
食 奈辺久	739 341 679
食 民藝喫茶 Poronno	739 341 668

帶廣

景 愛國車站	124 323 140
景 幸福車站	396 874 144
景 六花之森	592 389 760
景 十勝花畑牧場	396 481 517
景 帶廣競馬場	124 622 189
景 十勝道立公園	369 637 742
景 真鍋庭園	124 475 660
食 元祖の豚丼ぱんちょう	124 624 026
食 豚丼のぶたはげ	124 594 801

函館

景 函館朝市	86 072 314
景 摩周丸	86 072 394
景 金森紅磚倉庫群	86 041 553
景 元町	86 040 527
景 八幡坂通	86 040 324
景 函館山纜車山麓站	86 041 033
景 函館市熱帶植物園	86 080 514
景 函館蔦屋書店	86 283 351
景 五稜郭公園	86 166 277
景 五稜郭塔	86 165 057
景 函館公園	86 011 281
景 湯之川溫泉	86 109 287
食 鮭魚子亭	86 072 404
食 五島軒	86 165 057
食 函館麵廚房あじさい本店	

	86 165 055
食 小丑漢堡灣區本店	86 041 516
食 函館山 Genova 餐廳	86 009 687
食 函館啤酒館	86 041 809

札幌→旭川

景 三笠鐵道紀念館	180 198 898
景 神威之杜公園	79 278 165
景 北海道 Green Land 遊樂園	
	803 274 636
景 兒童之國（道立公園）	179 067 279

旭川→帶廣

景 層雲峽遊客中心	623 204 600
景 銀河流星瀑布	623 177 863
景 大函	743 692 580
景 大雪湖	743 635 030
景 東大雪自然館	679 398 529
景 ナイタイ高原牧場	679 103 685
景 三國峠	743 286 211

旭川→網走

景 家族同樂愛的樂園 YOU	
	404 476 383
景 木頭玩具世界館	840 648 027
景 北狐牧場	402 600 365
景 山之水族館	402 600 256

網走→知床

景 藻琴站	305 473 837
景 北浜站	305 447 683
景 小清水原生花園	958 080 518
景 知床斜里通天大道	642 559 410
景 雙美瀑布	894 727 226
景 知床世界遺產中心	894 824 880
景 白鳥展望公園	305 448 064
食 道之駅うとろシリエトク	894 824 880

知床→摩周湖

景 知床峠	757 493 151
景 羅臼溫泉熊之湯	757 409 454
景 羅臼遊客中心	757 409 505
景 瀨石溫泉	974 352 088
景 國後展望台	757 352 503
景 純之番屋	757 353 181
景 中標津町道立夢之森林公園	
	429 865 056

帶廣→富良野

景 新得町熊牧場	901 022 583
景 幾寅站（幌舞站）	550 293 173
景 金山湖	550 254 886
景 星野渡假村	608 511 212

機場周邊

購 新千歲機場	113 742 186
購 函館機場國內線航廈	86 083 694

北海道道立公園一覧表

宗谷ふれあい公園
(稚内市)

鄂霍次克流冰公園
(紋別市)

サンピラーパーク
(名寄市)

鄂霍次克公園
(網走市)

兒童之國
(砂川市)

夢之森林公園
(中標津町)

真駒内公園
(札幌市)

野幌総合運動公園
(江別市)

十勝道立公園
(音更町)

噴火灣全景公園
(八雲町)

道南四季の杜公園
(函館市)

名稱	資訊
宗谷ふれあい公園	・ 地址：北海道稚内市声問 5-40-1 ・ MapCode：353 826 127 ・ 電話：0162-27-2177 ・ 官網：http://soyafureaikoen.com/
サンピラーパーク SUNPILLAR PARK	・ 地址：北海道名寄市字日進 147 ・ MapCode：272 747 488 ・ 電話：01654-3-9826 ・ 官網：http://www.nayoro.co.jp/sunpillarpark/

鄂霍次克流冰公園	· 地址：北海道紋別市元紋別 101 · MapCode：801 527 819 · 電話：0158-27-4560 · 官網：http://seaicepark.jp/
鄂霍次克公園	· 地址：北海道網走市字潮見 309-1 · MapCode：305 554 769 · 電話：0152-45-2277 · 官網：http://www.tentland.or.jp/
兒童之國	· 地址：北海道砂川市北光 401-1 · MapCode：179 067 279 · 電話：0125- 53-3319 · 官網：http://www.hokkaidoukodomonokuni.or.jp/
夢之森林公園	· 地址：北海道標津郡中標津町北中 2 - 5 · MapCode：429 836 751 · 電話：0153-72-0471 · 官網：http://www.yumemori.jp/
野幌総合運動公園	· 地址：北海道江別市西野幌 481 · MapCode：139 244 068 · 電話：011- 384-2166 · 官網：http://www.makomanai.com/nopporo/
真駒內公園	· 地址：北海道札幌市南区真駒内公園 3-1 · MapCode：9 282 720 · 電話：011-581-1961 · 官網：http://www.makomanai.com/koen/
十勝道立公園	· 地址：北海道河東郡音更町十勝川温泉南 18-1 · MapCode：369 637 742 · 電話：0155-32-6780 · 官網：http://www.netbeet.ne.jp/~ecopark/
噴火灣全景公園	· 地址：北海道二海郡八雲町浜松 368-8 · MapCode：687 488 811 · 電話：0137-65-6030 · 官網：http://panorama.town.yakumo.hokkaido.jp/
道南四季の杜公園	· 地址：北海道函館市亀田中野町 199-2 · MapCode：86 347 764 · 電話：0138-34-3888 · 官網：http://www.hakodate-jts-kosya.jp/shikinomori/

2AF693

北海道親子遊 暢·銷·最·新·版
跟著雪倫愛出走！交通X食宿X景點
大人小孩都說讚的行程規劃全書！

作　　　者	雪倫
責 任 編 輯	李素卿
主　　　編	溫淑閔
版 面 構 成	江麗姿
封 面 設 計	走路花工作室
行 銷 企 劃	辛政遠、楊惠潔
總 　 編 　 輯	姚蜀芸
副 　 社 　 長	黃錫鉉
總 　 經 　 理	吳濱伶
發 　 行 　 人	何飛鵬
出 　 　 　 版	創意市集

發　　　行　城邦文化事業股份有限公司
　　　　　　歡迎光臨城邦讀書花園
　　　　　　網址：www.cite.com.tw

香港發行所　城邦（香港）出版集團有限公司
　　　　　　香港九龍土瓜灣土瓜灣道 86 號
　　　　　　順聯工業大廈 6 樓 A 室
　　　　　　電話：(852) 25086231
　　　　　　傳真：(852) 25789337
　　　　　　E-mail：hkcite@biznetvigator.com

馬新發行所

　　　　　　城邦（馬新）出版集團
　　　　　　Cite (M) Sdn Bhd
　　　　　　41, Jalan Radin Anum, Bandar Baru Sri Petaling,
　　　　　　57000 Kuala Lumpur, Malaysia.
　　　　　　電話：(603) 90578822
　　　　　　傳真：(603) 90576622
　　　　　　E-mail：cite@cite.com.my

印　　　刷　凱林彩印股份有限公司
　　　　　　2024 年 3 月
定　　　價　Printed in Taiwan
　　　　　　450 元

若書籍外觀有破損、缺頁、裝訂錯誤等不完整現象，想要換書、退書，或您有大量購書的需求服務，都請與客服中心聯繫。

客戶服務中心
地址：115 臺北市南港區昆陽街 16 號 5 樓
服務電話：（02）2500-7718、（02）2500-7719
服務時間：週一至週五 9：30 ～ 18：00
24 小時傳真專線：（02）2500-1990 ～ 3
E-mail：service@readingclub.com.tw

※ 詢問書籍問題前，請註明您所購買的書名及書號，以及在哪一頁有問題，以便我們能加快處理速度為您服務。
※ 我們的回答範圍，恕僅限書籍本身問題及內容撰寫不清楚的地方，關於軟體、硬體本身的問題及衍生的操作狀況，請向原廠商洽詢處理。

※ 廠商合作、作者投稿、讀者意見回饋，請至：
FB 粉絲團·http://www.facebook.com/InnoFair
Email 信箱·ifbook@hmg.com.tw

國家圖書館出版品預行編目資料

北海道親子遊：跟著雪倫愛出走！交通 X 食宿 X
景點，大人小孩都說讚的行程規劃全書！暢銷最
新版 . – 暢銷最新版 . -- 臺北市：創意市集出版：
城邦文化發行，2024.3
面；　公分

ISBN 978-626-7336-74-8(平裝)
1.CST: 自助旅行 2.CST: 親子 3.CST: 日本北海道

731.7909　　　　　　　　　113000812